美好生活经济学

ECONOMICS OF HAPPINESS

A Guide to Value Realization,
Social Fairness and Freedom from Anxiety

摆脱焦虑，实现价值跃升与社会公平

赖德胜 —— 著

社会科学文献出版社
SOCIAL SCIENCES ACADEMIC PRESS (CHINA)

目 录

前　言 / 001

第一篇　经济学家论公平：中产阶层为何焦虑？

建设体现效率促进公平的收入分配体系 / 003

"先富"与"共富"的辩证法 / 006

中产阶层为何焦虑？ / 009

扩大中等收入者比重 / 013

多层次调节与社会公平 / 017

行业收入差距的正常与反常 / 022

贫富差距的缩小有赖制度创新 / 026

我国收入差距正迎来缩小的拐点 / 030

期待"收入倍增计划"的高质量实施 / 038

第二篇　经济学家思教育：
　　　　　聆听劳动力市场的声音

论教育自信 / 045

教育要更多聆听劳动力市场的声音 / 055

市场决定性作用下的教育改革和发展 / 062

论教育优先发展与就业优先战略的关系 / 069

给教育发展以良好的社会政策环境 / 075

职业教育发展面临新机遇 / 080

面向未来的技术技能人才培养 / 090

新环境下商学院教育发展需要做好五个平衡 / 095

创新仅强调教育还不够 / 100

以什么替代人口红利支撑经济增长 / 105

"百年树人"新解 / 109

好为人师 / 112

中小学教材的城市偏向 / 117

基础教育均衡发展的逻辑 / 122

第三篇　经济学家悟人文：
　　　　善有善报

善有善报　/ 131

人挪活？　/ 136

男怕入错行？　/ 140

少壮不努力，老大何以徒伤悲　/ 147

替代与不可替代　/ 151

高铁的经济学意义　/ 156

经济增长的颜色　/ 160

初见俄罗斯　/ 165

大学的文化　/ 169

"新日本"之新　/ 174

出版社使命与和谐文化建设　/ 181

阅读与人力资本　/ 188

图书的时间价值　/ 194

第四篇 经济学家观社会：
让更多劳动者成为创业者

坚持以人民为中心夯实就业之基 / *203*

高质量就业的逻辑 / *213*

作为宏观政策的就业优先政策 / *219*

和谐劳动关系助圆中国梦 / *225*

居于首位的是稳就业 / *231*

"五力"并举 全面强化稳就业举措 / *235*

突出优先战略 精准施策确保就业稳定 / *238*

大学生就业难在何处 / *245*

新挑战与新应对 / *253*

让更多劳动者成为创业者 / *257*

夜间经济的就业效应与发展建议 / *262*

第五篇　经济学家谈治学：
　　　　　学问靠真

经济学家的关键词 / 269

教授五月 / 275

经济研究的个体性与群体性 / 280

学问靠真 / 287

忆陶大镛先生 / 296

科尔内的价值与智力外流 / 300

"数字化"的陷阱 / 306

经济衰退与经济学繁荣 / 312

什么是一流的学术刊物？ / 319

如何让世界知道"哲学社会科学中的中国"？ / 323

前　言

短论或随笔在学术评价中一般是不算成果的，除极个别现象外，很少有人把它作为代表作，因为它缺少严格的学术论证，也谈不上遵循严格的学术逻辑。相比学术论文，它更率真，更具个性。不过，正因为如此，写好短论或随笔，也不是件容易之事，它往往也需要灵光闪现，需要酝酿许久，需要激情澎湃，方能动笔成文。过去十几年，或因朋友相约，或因工作需要，或因写瘾发作，我写了不少短论或随笔，新冠肺炎疫情期间一整理，发现它们已初具规模，正所谓集腋成裘。于是临时决定，将它们结集出版，集中呈现，这对自己算是一个交代，对喜欢的读者也可能是件好事。

收录在这本小册子里的篇章，主题大多与就业、收入分配、教育等相关，这些话题所涉及的对象正是人们向往的美好生活的重要组成部分，而且写作视角大多从经济学的思维出发，因此，书名就叫作《美好生活经济学》。为便于阅读，我将这些短文或随笔分为五个部分，即论公平、思教育、悟人文、观社会、谈治学。每部分所选文章，尽可能聚焦相应主题，但也难以做到各部分边界清晰、聚焦精准，毕竟当时写下这些文字时，并没有考虑过它们最后会相聚于同一本书。特别是"悟人文"和"谈治学"两部分，更像是两个筐，相关不相关的文章都往里装。好在这无关大体，因为每篇文章都是独立的，各有阅读的价值，无须考虑各部分标题的名称。

这些文章的时间跨度将近20年，而我国最近20年的发展变化可谓突飞猛进，因此，有些文章所论及的现象、所采用的术语、所引用的数据等，用今天的眼光来衡量，就可能显得不合时宜了。但历史就是这样走过来的，保留文章原样，既是对历史的尊重，也能看见相关领域的变化和进步，这也是好的。当然，出于出版的需要，对有些文章的文字还是做了些微的修正。

这些文章大部分曾在《求是》《人民日报》《光明日报》《经济日报》《学习时报》《中国教育报》《经济学家茶座》《法治周末》《前线》等报刊发表过。在此，我要感谢这些报刊的相关领导和编辑，正是由于他们的相约、催促和帮助，这些文章才能被组合出来并及时发表，我的零星时间也才尽可能少地从指尖溜走而转换成本书的文字。我要感谢社会科学文献出版社经济与管理分社社长恽薇和责任编辑孔庆梅，他们的远见和高效，使本书能在这么短的时间内就与读者见面。要感谢中宣部文化名家暨"四个一批"人才支持计划的资助。当然,我也要感谢各位读者,正是你们的阅读,才能成就本书的价值。

赖德胜

2020 年 5 月

第一篇　**经济学家论公平：中产阶层为何焦虑？**

建设体现效率促进公平的收入分配体系

收入分配是保障和改善民生、实现发展成果由人民共享的最重要、最直接的方式。习近平同志指出:"'蛋糕'不断做大了,同时还要把'蛋糕'分好。"在中共中央政治局就建设现代化经济体系进行集体学习时,习近平同志把建设体现效率、促进公平的收入分配体系作为建设现代化经济体系的一个重要组成部分。加快建设体现效率、促进公平的收入分配体系,是推动经济高质量发展的重大理论和实践课题。

为解决新时代社会主要矛盾提供坚实基础。中国特色社会主义进入新时代,我国社会主要矛盾已经转化为人民日益增长的美好生活需要和不平衡不充分的发展之间的矛盾。解决这一矛盾,既要努力实现发展更平衡更充分,又要不断缩小收入分配差距,让人们更多、更公平地分享经济社会发展成果。建设体现效率、促进公平的收入分配体系,重要内容之一就是缩小不同地区、不同行业、不同人群之间的收入差距,推进基本公共服务均等化,使收入分配更合理、更有序，增进发展平衡性，进而不断解决社会主要矛盾，促进经济高质量发展。

为增强人民群众获得感、幸福感、安全感提供有力支撑。保障和改善民生，使人民的获得感、幸福感、安全感更加充实、更有保障、更可持续，是我们推动经济高质量发展的根本目的。获得感、幸福感、安全感源于很多方面，但首先源于物质生活水平的不断提高。加快建设体现效率、促进公平的收入分配体系，才能实现发展为了人民、发展依靠人民、发展成果由人民共享，让人民在共建共享发展中不断感受到社会主义制度的优越性。

为促进经济转型升级提供强大动力。扩大内需是我国经济发展和转型升级的重要动力。目前，我国已形成世界上人口最多的中等收入群体，而且这个群体的人数还在不断增长。不断壮大的中等收入群体不仅在社会稳定发展中具有重要作用，而且是推动我国经济高质量发展的重要力量。建设体现效率、促进公平的收入分配体系，有利于持续扩大中等收入群体规模，进而不断增强经济转型升级的内需动力。

建设体现效率、促进公平的收入分配体系，既要着眼于解决当前的收入分配问题，决胜全面建成小康社会；又要着眼于到 21 世纪中叶基本实现共同富裕，全面建成社会主义现代化强国。为此，关键是坚持以按劳分配为主体、多种分配方式并存的分配制度，处理好公平与效率的关系，既要体现效率，调动各种要素所有者的积极性和创造性，让一切创造社会财富的源泉充分涌流，继续做大"蛋糕"；又要着力缩小收入分配差距，使收入分配更加合理，体现社会公平正义。当前，应重点抓好以下几个方面。一是努力实现更高质量和更充分的就业。劳动收入是绝大多数人的主要收入来源，因此，就业是最大的民生。要坚持就业优先战略，扩大就业规模、优化就业结构、提高就业质量，特别是要培育壮大新动能，发挥实体经济在稳定和促进就业中的作用，提高劳动收入占国民收入的比重。二是完善初次分配制度，实行以增加知识价值为导向的分配政策，完善技术工人激励政策，增加农民收入，坚持在经济增长的同时实现居民收入同步增长、在劳动生产率提高的同时实现劳动报酬同步提高。三是健全收入再分配政策，逐步缩小收入分配差距，使"调高、扩中、保低"的政策措施有效落地，促进基本公共服务均等化，努力实现幼有所育、学有所教、劳有所得、病有所医、老有所养、住有所居、弱有所扶。其中，教育公平尤其关键，因为教育在防止贫困代际传递、增强社会流动性、促进收入分配公平方面具有不可替代的作用。四是实施精准扶贫、精准脱贫。缩小收入分配差距，最重要的任务是打赢脱贫攻坚战。要坚持精准扶贫、精准脱贫，使更多的贫困人口有机会进入中等收入群体，向全体人民共同富裕的目标稳步迈进。

《人民日报》，2018年8月30日

"先富"与"共富"的辩证法

先富共富思想是邓小平经济思想的重要组成部分，闪耀着智慧的光芒，充满着辩证法思维。

改革开放之初，我国分配领域大锅饭和平均主义现象严重，这极大地影响了人们的积极性和创造性。如何打破大锅饭、选择何种分配方式，是改革不可避免要回答的问题。对此，邓小平同志曾多次在不同场合提出要让一部分人先富起来，先富带动后富，最终实现共同富裕。事实证明，让部分地区、部分人先富起来的思想和政策，是非常有效的。因为我国不同地区之间的自然条件、经济状况差异明显，不同人群之间的人力资本水平、工作投入程度差别也很大，如果强调同步富裕，结果只能是共同贫穷。让那些诚实劳动、合法经营的人先富裕起来，对于整个社会的财富创造具有非常强的激励效应。我国30多年来经济能够持续高速增长，先富政策及其激发的企业家精神，是一个重要原因。

但先富本身不是目的，先富的目的是要以点带面，使更多的地区、更多的人逐渐富裕起来，从而实现共同富裕。对此，邓小平同志一开始就有着清醒的认识，而且，随着经济社会的发展，他对于共同富裕有着更多、更明确的强调。比如，他指出，我们提倡"一部分地区先富裕起来"，是为了使先富裕起来的地区帮助落后的地区更好地发展起来，提倡人民中有一部分人先富裕起来，也是同样的道理，要一部分先富裕的人帮助没有富裕的人，共同富裕，而不是两极分化。

在新的发展阶段，处理好先富、共富的关系，事关全面建成小康社会和顺利跨越中等收入陷阱。

先富就要激发效率，要让资本、知识、技术、管理等要素的活力得到激发，让一切创造社会财富的源泉充分涌现。共富就要追求公平，让发展成果更多、更好地惠及全体人民。显然，就这个意义说，我们要继续全面深化改革，使市场在资源配置中发挥决定性作用，特别是要健全资本、知识、技术、管理等由要素市场决定的报酬机制，使这些要素各得其所、各尽所能，从而使经济有比较好的增长，人均收入有比较快的增加。事实上，继续把蛋糕做大，也是共同富裕的前提。

但是增长的好处并不会自动地、公平地惠及全体人民，若要实现共富，必须主动积极地采取措施，更好地发挥政府的作用。对此，党的十八届三中全会提出，要着重保护劳动所得，努力实现劳动报酬增长和劳动生产率提高同步，提高劳动报酬在初次分配中的比重。也就是说，不仅再分配要注意公平，初次分配也要注意公平。同时，要完善再分配调节机制，形成橄榄形分配格局，即"两头小，中间大"：高收入人群和低收入人群的比例都比较小，中等收入人群的比例比较大。为此，要加大税收调节力度，加强社会保障建设和转移支付力度，积极推进基本公共服务均等化，使低收入人群能够更好地享受改革发展的果实。

总之，先富共富思想有着丰富的内涵，富有哲理。如果说改革开放前30多年我们通过鼓励一部分人"先富"，推动更多的人创造更多财富，使我国从低收入国家进入中等收入国家行列，那么，在新的发展阶段，我们则应该更有智慧践行共富的理念，以更好地实现中国梦。

《经济日报》，2014年8月20日

中产阶层为何焦虑？

随着我国从低收入国家进入中等收入国家行列，中产阶层形成并不断壮大，是不可避免的事情。现在有多大规模的中产阶层，似乎没有定论，按官方的数据，在4亿人左右。这是一个庞大的数据，而且大家都相信，这一数据还会不断增长。但中产阶层也有成长的烦恼，这就是所谓的中产阶层焦虑。

列夫·托尔斯泰的《安娜·卡列尼娜》中说道，幸福的人都是相似的，不幸的人各有各的不幸。同样，能成为中产的人在收入上都是相似的，但焦虑的中产各有各的焦虑。有的人为工作，有的人为子女，有的人为住房，等等。焦虑的原因也是多种多样的，我认为一个重要原因是，中等收入阶层形成的基础发生了变化，或在基础的夯实方面存在更大的不确定性。这表现在三个方面。一是中等收入阶层的形成得益于经济的高速增长，但从2011年开始，经济从高速增长进入中高速增长，而且中高速增速会是一种常态，不太可能像以前一样能"V"形反转。经济增长速度下行，意味着人们的可支配收入增长速度也会下降，但在高增长阶段所置的房产可能需要还贷，高增长阶段所形成的消费习惯需要延续，结果发现，中产的基础并没有像以前所想象的那样坚实，焦虑在所难免。刚过去的这个夏天，出现新词"消费降级"，描述的就是这个现象。二是中等收入阶层的形成得益于人力资本的投资及其转化，即现在的中等收入阶层，绝大部分都是通过读书而获得好的工作，通过自己的努力，获得较高的收入，过上体面的生活。基于自己的经历，中等收入阶层希望自己的子女也能通过良好的教育而获得好的工作，获得较高的收入，过上体面的生活。但现实是，要想让子女享受到优质教育资源，不输在起跑线上，面临诸多的压力，学区房现象即是明证。由此，焦虑油然而生。三是中等收入阶层的形成得益于就业机会的扩大和提升。我国中产阶层的收入有93%来自工资性收入，就业的重要性显而易见。过去中产阶层的形成和扩大，与就业规模不断扩大、就业结构不断升级密切相关。据统计，2017年末，我国就业人员总量达到77640万人，比1978年增加37488万人，增长了93%，而且第三产业就业占比达到了44.9%。但随着供给侧结构性改革进入深入推进期、以人工智能为代表的新科技进入加速应用期，以及中美贸易摩擦进入不确定期，这三股力量叠加在一起，显著增加了就业的不确定性。比如，很多国家最近几年的数据表明，随着新科技的广泛运用，就业出现了"极化"现象,即认知性和创造性强的高收入工作机会和体力性强的低收入工作机会都会增加,常规性和重复性强的中等收入工作机会将会大幅度减少。无就业就无收入,低就业就低收入。毫无疑问,就业的不确定性和中等收入工作机会的减少,加剧了中等收入阶层的焦虑感。

我国进入高收入国家,跨越中等收入陷阱,是大概率事件,因此,中等收入阶层的规模还将不断壮大,而且,壮大后的中等收入阶层,又是扩大消费、促进经济结构转型升级、推动经济高质量发展的重要依靠力量。大面积的焦虑,说明中等收入阶层作为一个整体,质量是不高的,是不稳定的。焦虑不是病,适当的焦虑并非坏事,但如果焦虑不断传染,不断加重,可能既会影响中等收入阶层自身的所思、所想和所行,也会影响低收入阶层和高收入阶层。对此,我想从劳动力市场政策的角度提三点建议。

一是改善公共服务的供给。中产阶层对子女教育的焦虑、对医疗健康的焦虑、对养老的焦虑等,都是因为中产阶层对教育、医疗、养老的需求不断升级,但相应的供给跟不上。只要这种供需缺口不缩小,焦虑就不会停止。缩小供需缺口,当然可以通过消费降级来实现,但从长远来看,更需要政府积极作为,增加优质教育资源、医疗资源和养老资源的供给,为人们提供稳定的预期。

二是提高就业质量。就业是最大的民生,也是中产阶层最重要的收入来源。面对高科技的广泛运用、供给侧结构性改革向纵深推进、中美贸易摩擦所导致的就业前景不确定性，中央已经把"稳就业"列为今年下半年的"六稳定"工作之首。这需要采取多种措施，其中非常重要的一点是做好培训，提高职工的就业能力和创业能力。这种帮助职工适应新环境、适应新岗位的培训，应该作为国家战略的一部分。

三是提高社会流动性。社会流动有向上流动、水平流动和向下流动。如果中产阶层都能向上流动，那是极好的。但中产阶层向上流动到高产阶层似乎越来越难，不仅如此，甚至还有向下流动到低产阶层的可能。增加向上流动的机会，减少向下流动的可能性，就能有效缓解中产阶层的焦虑。此外，要继续壮大中产阶层的规模，如果我国有一半人口都属于中产阶层，则他们下沉的可能性将大为降低。扩大中产阶层规模，一个重要的潜在人群是农民或者说农民工。因此，要继续深化改革，增加农民的收入，加快农民工的市民化进程，破除阻碍农民工市民化的体制机制障碍，夯实农民（或农民工）的经济基础。

搜狐网，2018年9月21日

扩大中等收入者比重

党的十六大提出要扩大中等收入者比重。这在党的重要文献里是一个全新的提法,对我国未来的经济和社会发展具有深远的意义。

中等收入者好比社会稳定器

首先,扩大中等收入者比重有利于社会稳定。在一个贫富悬殊的社会中,富人和穷人处在对立面,很容易诱发人们的仇富心理,引致社会动荡。而在中等收入者所占比重较大的社会里,中等收入者是高低收入者之间矛盾的缓冲器,一定规模中等收入者的存在,减轻了低收入者的压力,更重要的是让低收入者看到了希望。并且中等收入者本身就是稳定的因素,因为从某种意义上说,他们是社会的既得利益者,不仅不希望社会动荡不安,而且还会自觉地维护社会的既有秩序。所以,扩大中等收入者的比重,就等于让社会拥有了一台稳定器。

其次，扩大中等收入者比重有利于扩大内需。近几年，我国所面临的内需不足问题与收入差距的过分扩大有一定关系，因为市场需求在很大程度上取决于收入分配状况。在收入差距比较合理的情况下，市场需求的分布"错落有致"，与产业供应链基本吻合。由于不同收入水平者的需求偏好和边际消费倾向不同，在收入差距很大的情况下，市场需求的分布会两极化。当一部分人已将消费兴趣聚焦于几万元的商品时，另一部分人可能还停留在几千元的消费品上，而介乎几千元到几万元的商品则少有人问津。这种市场需求链与产业供应链的不衔接，自然会导致内需不足。因此，内需的扩大有赖于中等收入者比重的扩大。

最后，扩大中等收入者的比重是全面建设小康社会的重要内容。我们现在的小康还是低水平的、不全面的和发展不平衡的。所谓发展不平衡，主要是指城乡之间、地区之间和阶层之间收入差距扩大的趋势没有得到根本扭转。所以，缩小收入差距应该是全面建设小康社会的重要内容。对此，扩大中等收入者的比重是个重要途径。

制度安排和社会政策要跟上

中等收入者比重的扩大，是个自然演化的过程，只有经济发展到一定阶段，才有可能形成稳定的中等收入者，从这个意义上说，大力发展经济是扩大中等收入者比重的根本之策。但中等收入者比重扩大也与制度安排和社会政策密切相关。

第一，要确立生产要素按贡献参与分配的原则。实际上，国外所谓的中产阶层，大部分是由资本、技术、管理等生产要素的所有者和管理者构成的。确立生产要素按贡献参与分配的原则，不仅有利于调动各种生产要素的积极性，促进资源的优化配置，促进生产的扩大和经济的增长，也有利于扩大中等收入者比重。比如，允许技术入股和参与分红的政策，一方面会刺激科学技术的发明创造，加速科技向现实生产力的转化，从而促进经济增长，为中等收入者比例的扩大提供良好的土壤；另一方面也会吸引越来越多的人加入科学技术研究和应用的队伍，从而自动壮大中等收入者的队伍。

第二，要加强人力资本投资。我国个人收入分配的现状类似金字塔形，扩大中等收入者比重的目标是形成橄榄形。从金字塔形转变为橄榄形，一项重要内容是使处于较底层的人群逐渐上移至中部。低收入者的一大特征是受教育程度比较低、就业能力和收入能力比较差，因此，必须加强对低收入阶层的人力资本投资。

第三，要提高社会的流动性。有资料显示，我国现阶段收入差异的扩大与资源的流动性差、市场的竞争程度不高密切相关，比如城乡之间的收入差距就与劳动力流动的制度性障碍有关，行业之间的收入差距也与某些行业的垄断特性相关。

第四，要加强对收入分配的调节。初次分配注重效率，目的是促进经济的增长，把"蛋糕"做大；再分配注重公平，以缩小收入差距，实现共同富裕。

《人民日报》，2003年1月20日

多层次调节与社会公平

收入分配公平是社会公平的重要组成部分，在某种意义上，收入分配公平是社会公平的最直接体现。因此，在讨论社会公平时，是不能越过收入分配公平的。一般来说，收入分配包括三个层次，即分配的起点、分配的过程和分配的结果。相应地，收入分配公平也包括起点公平、过程公平和结果公平三个层次。长期以来，人们更多地关注了结果的公平，而对起点公平和过程公平则关注不够。党的十六大报告明确提出了收入分配多层次调节的思想，这是我国收入分配理论的重大发展，对实现收入分配公平进而实现社会公平具有重要的指导意义。

多层次调节的第一个环节是起点的调节。大家知道，物力资本与人力资本是一个人获取收入的主要来源，因此，所谓起点的调节主要是物力资本与人力资本分配的调节。我国在改革开放之前，绝大部分财产性生产要素属于公有和公营，它们的收入流向了政府和企业，对于个人收入分配的影响不明显，劳动报酬是居民获得初次分配收入的唯一来源。但在从计划经济向市场经济转型的过程中，有相当一部分公有资源民营化了，这为某些地区、群体和个人谋取高收入提供了很大的空间。实际上，最近20多年大富起来的人群中，有一部分是靠公有资源民营化。部分公有资源民营化是大势所趋，是改革所要求的，问题是民营化所依的规则是否有利于最广大人民群众的根本利益，以及是否有利于社会主义市场经济体制的建立。根据"中国财产分布与收入分配问题研究"课题组的估算，截至2000年底，我国的资本总量为38.5万亿元，其中国有资产为9.9万亿元，内地居民个人拥有的资产为22万亿元，港澳台及外商拥有的资产为3.2万亿元，其余3.4万亿元为集体经济所有[1]。国有资产所占的份额虽只有26%，但如何保证这部分资源分割的公平性仍然是确保收入分配公平的重要前提。

人力资本分配的调节在当下具有重要的意义，因为和以往相比，教育等人力资本投入对于提高个人的就业能力和收入能力的作用大为增强了。近几年，由于扩招政策的实行，全国60%以上的高中毕业生都能上大学，也就是说，上大学已不是少数人的特权，上大学的机会更加平等了。但问题依然严重、任务依然艰巨，表现在低收入者和下岗职工支持子

---

[1] "中国改革与发展报告"专家组：《中国财富报告：转型时期要素分配与收入分配》，上海远东出版社，2002，第26~27页。

女上学的经济能力不足，进城务工者子女上学面临过高的成本，特别是城乡之间存在巨大的教育鸿沟等。人力资本具有长效性和自增强性等特点，现在的差距会导致将来更大的差距。为全面建设小康社会，现在应该将如何增强人力资本分配的公平性提上议事日程。

多层次调节的第二个环节是过程的调节。长期以来，我们只强调按劳分配，而对其他生产要素参与分配则避而不谈。其实，在市场经济下，资本、技术和管理等生产要素同样重要，它们对经济增长做出了贡献，自然应在国民收入中获得相应的份额。因此，过程调节的一个重要内容是确立生产要素按贡献参与分配的原则，给每一种生产要素以平等待遇，使它们各尽所能、各得其所。这不仅有利于调动各种生产要素的积极性，促进资源的优化配置，而且对扩大中等收入者比重也很重要。因为允许资本、技术、管理等生产要素参与分配，就意味着承认它们的价值及其背后的私有产权，这必然会扩大这些要素的供应，激活这些要素的潜力，从而促进生产的扩大和经济的增长。比如，允许技术入股和参与分红的政策，一方面会刺激科学技术的发明创造，加速科技向现实生产力的转化，从而促进经济增长，为中等收入者比例的扩大提供良好的土壤；另一方面，它也会吸引越来越多的人加入科学技术研究和应用的队伍，从而自动壮大中等收入者的队伍。由于公平是相对的，而不是绝对的，即一个人是否感到收入分配公平，不仅取决于他所得收入的绝对量，更取决于他所得收入的相对位次。因此，扩大中等收入者比重，无疑会增强社会多数人的公平感。现在我们常讲扩大中等收入者比重有利于社会的稳定，个中原因即在这里。

过程调节的另一个重要内容是，破除阻碍要素流动的体制性障碍，降低要素流动的制度性成本。要素的充分流动能够促进竞争、提高效率，也能够缩小价格差异、促进公平。实际上，我国收入分配中的诸多问题都与要素流动性差有关。比如城乡之间的收入差距问题，我们可以从工业与农业生产力的差异中找到部分答案，也可以从城乡劳动者的素质差异中得到部分解释，但根本原因在于城乡之间的制度性分割所导致的劳动力流动性不够，城乡两个市场之间的劳动力没有或很少有替代性，农民到城市里找工作存在诸多的不便和歧视。还比如行业之间收入差距的扩大和固化问题，某些行业的垄断性远比行业生产力的差异更具有解释力。从这个意义上讲，过程调节对于维护社会公平是至关重要的。

多层次调节的第三个环节是结果的调节。如果说收入分配公平是社会公平的最直接体现，那么结果公平就是收入分配公平最直接的体现。即使起点分配和过程分配都很公平，结果仍可能会不尽如人意，更不用说在起点分配和过程分配存在很大问题的情况下。因为，在市场经济下，收入分配会不以人的意志为转移地向要素多的人和人力资本多的人倾斜，而那些资源和自身条件差的人可能会处于非常不利的地位。因此，结果调节是非常必要的，它是最后的调节，是保证收入分配公平的最后一道防线。

结果调节总的来说是"调高补低",但高怎么个调法、低怎么个补法,则须根据情况而定。调高之法既可以是对高收入者进行征税,并用税收收入对低收入者进行转移支付,也可以是采取某些税收措施,鼓励高收入者进一步投资,以扩大社会就业,或者鼓励高收入者更多地从事公益性事业,为社会的发展创造更为理想的条件。当然,还可以二者兼而有之,并行不悖。补低之法有消极和积极之分。消极的措施是健全失业保险制度和城市居民最低生活保障制度,为低收入者和弱势群体提供基本的生活保障。积极的措施是为低收入者提高自身就业能力和收入能力提供各方面的支持,使他们通过自身的努力摆脱低收入者的身份。具体到我国现阶段来讲,当务之急是要通过改革与发展,一方面建立健全社会保障制度,为低收入者提供基本生活保障;另一方面加快社会经济发展,为低收入者创造更多的就业机会,毕竟,就业是民生之本。

《前线》,2003 年第 5 期

行业收入差距的正常与反常

国家统计局日前公布的数据显示，2012年全国城镇非私营单位就业人员年平均工资同比名义增长了11.9%，在经济增速放缓的大背景下，这是个不错的数据。但行业之间的差异明显，年平均工资最高的行业是金融业，其工资是全国平均水平的1.92倍，更是年平均工资最低的农林牧渔业的3.96倍。由于工资只是职工收入的一部分，若考虑到其他收益，比如各种福利保障，则可以想象，行业间的收入差异会更大。

行业工资差异形成的原因非常复杂，既有行业生产率的原因，也有行业竞争程度的原因。国内外已有的研究文献表明，行业工资差异扩大是推动居民收入差距扩大的重要力量，因此，控制好行业工资差距，也是改善收入分配的重要途径。我国改革开放之初行业之间的工资差异很小，在经济快速转型的时期，行业间的工资差异发生变化或者说扩大，是很正常的。一些行业的工资水平上升得快，在某种意义上，是市场发挥作用的结果，是体制改革所追求的。比如，教师曾是社会上工资最低的职业之一，但今天，教育行业的工资已超过了各行业的平均工资。由于教育是人力资本比较集中的行业，其较高的工资水平说明人力资本得到了较好的回报，这有助于创新，也有助于公平，人们对此并没有太多的非议。

金融成为工资最高的行业，也是改革开放的结果。在计划经济时期，金融是被抑制的行业，后来经过金融深化，金融业快速发展，并在经济发展中发挥着特殊重要的作用，金融业有较高的工资收入也属正常。实际上，美国等发达国家，金融业的工资收入也是相对比较高的。但在我国，金融、石化、电力等行业的高工资却受到了人们的诸多非议，我想原因不外乎三个。一是差距太大，行业最高与最低的工资相差近4倍，若加上各种福利，则差距更大。二是行业工资差异有固化的趋势，金融业自20世纪90年代以来，一直位居各行业工资收入的前列，而农林牧渔业则一直处于工资收入的最底端。三是导致这种差距的原因有人力资本、生产率等方面的因素，更有垄断方面的因素。这种垄断一方面表现为产品市场的行业垄断，即金融、石化、电力等行业有很高的进入壁垒，社会资本很难进入，而且这种进入壁垒是行政性的，得到了政府的保护，因此这些行业的竞争程度不够，能够获得垄断利润；另一方面表现为劳动力市场的进入壁垒，即这些行业的劳动力市场具有很强的分割性，它们属于主要劳动力市场，进入者需要有较高的社会资本，一旦进入，就能享有比较好的工资福利，而且基本上不会受到次要劳动力市场的竞争冲击。

垄断阻碍竞争，行政性垄断还可能产生腐败。行业工资差异的扩大和固化，既无效率，也不公平，引致人们不满，也就在所难免。对此，我们不是要拉平不同行业之间的工资，而是要使行业之间的工资差异控制在人们可接受的范围内，特别是要使这种差异主要不是来自垄断和特权，而是要使之更多地体现为人力资本的差异、体现为生产率的差异、体现为创新的差异。为此，必须深化改革、打破垄断。这涉及政府与市场的关系问题，这是一篇大文章。政府要监管好市场，更要保障市场发挥基础性作用，要保证有足够的竞争，激发出每一个微观主体的能动性和创造性。正如李克强总理在最近召开的国务院职能转变动员电视电话会议上所指出的："既要把该放的权力放开放到位，又要把该管的事务管住管好。……要相信市场机制的力量，必须转变职能、下放权力，下决心减少政府对企业生产经营活动的直接干预，打破市场分割与垄断，消除制约转型发展的体制机制障碍，使企业和产业在竞争中优化升级，为经济转型提供'源头活水'。"如果政府管得太多，人为地设定抑制竞争的条条框框，不可避免地会导致那些受保护的行业获得非竞争性收益。

老话说"男怕入错行"，这说明行业之间的工资收入自古是有差异的，而且不同行业之间的流动成本比较高，因此行业选择很重要，一旦选择错了，则很可能会被"锁定"。应该说，随着经济发展、技术进步和体制改革，行业之间的流动性已经提高，人们似乎并不像以前那样怕入错行了。但国家统计局的数据又表明，在什么样的行业做事，仍然是决定一个人工资收入水平的重要因素，这再一次证明了中国老话所包含的哲理性。不过，用经济学的眼光来看，这不是件好事。

《法治周末》，2013年5月22日

贫富差距的缩小有赖制度创新

经济增长的好处并不会自动而平均地渗漏到每一个阶层，这是被很多国家所证明了的。我国经济的高速增长持续了30多年，其果实应该说惠及了每一个阶层，但有的阶层得益多，有的阶层得益少，因此贫富差距不断拉大。日前，北京国际城市发展研究院发布了首部"社会管理蓝皮书"《中国社会管理创新报告》，指出我国的基尼系数2010年达到了0.438，贫富差距已逼近社会容忍线，是社会不稳定风险的重要根源。

从经济学上讲，收入分配包括要素收入分配和个人收入分配，前者指国民收入在不同生产要素之间的分配，后者指国民收入在不同人群之间的分配。我国收入差距的扩大，既有要素收入分配的问题，也有个人收入分配的问题。改革开放后很长一段时间，由于要素市场和私有产权没有确立，人们关注和讨论的更多是个人收入分配问题。随着人均收入水平的提高和体制改革的深化，要素收入分配问题逐渐浮出水面。今天的贫富分化问题，可以说是个人收入分配和要素收入分配相互交织的结果。

国家发改委从2004年起即组织制订收入分配体制改革总体方案，虽然8年过去了，仍然是"只听楼梯响，未见人下来"，但这足以说明中央政府早已认识到收入分配对于经济增长和社会稳定的重要性，也足以说明收入分配改革的复杂性和艰巨性。从领导讲话和有关文件的精神可知，改变目前收入和财富分配格局的思路和政策着力点还是基本清晰的，那就是"保低、扩中、调高"，即保障低收入群体，扩大中等收入群体比重，调节高收入群体的收入。也就是说，缩小贫富差距，既要在个人收入分配上下功夫，也要在要素收入分配上下功夫，初次分配和再分配都要处理好公平与效率的关系，要标本兼治，长短结合，进行制度创新。

要继续推进市场化改革。改革开放已经30多年了，很多人想当然地认为，现在的市场已经在资源配置中发挥了基础性作用，甚至把贫富分化归因于市场化改革。其实在现实中，市场作用还是有很大的发挥空间的。举两个例子，一是垄断问题。根据前述蓝皮书提供的数据，我国行业之间职工工资最高与最低相差15倍左右，也就是说，行业工资差距扩大是导致贫富差距扩大的重要原因。如果深入分析就会发现，高工资的行业多为国有企业比重较高的行业，或者说是垄断行业。但最近几年，行业的垄断性不仅没有降低，甚至还有固化和扩大之势。今年9月1日，中国企业联合会和中国企业家协会对外公布了中国企业500强榜单，上有310家国有企业，其平均资产总额是其余190家民营企业的4.4倍。国有企业的"高歌猛进"不能说与市场发挥作用没有关系，但民营企业没有与国有企业齐头并进，至少说明，市场在资源配置中的基础性作用还没有得到根本体现。二是劳动者工资问题。工资是劳动力的价格，由供求决定。最近十年来，由于人口结构的变化和刘易斯拐点的来临，很多地方都出现了招工难现象，同时，最近十年我国的中小学教育也得到了很大普及。也就是说，劳动力供给相对少了，质量相对提高了，其价格应该有明显上升。但普通工人的工资上涨幅度并不明显，劳动收入占国民收入的份额甚至不断降低。这也说明，劳动力市场的作用还没有得到充分发挥。

要继续加强人力资本投资。教育等人力资本投资对收入分配公平具有很强的正效应，而且这种效应具有长期性，即一旦形成，就会长期发挥作用。如何发挥人力资本的公平助推器作用，对缩小贫富差距至关重要。拉美国家是经济增长中收入不平等问题不断加剧的代表，很多影响深远的名词都是基于拉美的现实，比如"中等收入陷阱""渗漏效应"等。但最近十年来，17个拉美国家中有13个国家的不平等程度降低了，而且下降的平均速度接近每年1%。之所以能发生这种明显的逆转，根据美国杜兰大学诺兰·卢斯提格教授的研究，教育的扩张、就业的扩大以及技能溢价的下降发挥了关键作用。21世纪以来，我国的教育得到了迅猛发展，但人们的意见也很多，特别是对教育的应试性以及不能培养出创新型人才，给予了诸多关注和争论。其实，从收入分配的角度来看，教育的问题可能更多地体现在教育机会和教育资源的分配上。贫穷落后地区的人口、流动人口、底层人口不能享受到优质教育资源，会导致流动性缺乏和阶层的固化。因此，在扩大教育规模的同时保证教育机会和教育资源的公平分配，是收入分配持续良性的基石。

要继续加大对财富分配的调控力度。收入分配问题治理得比较好的国家的共同经验是，对初次分配的结果进行有效调控，主要是对低收入者保障到位，对高收入者调节到位。对低收入者的保障主要是财富能力问题，因此要进一步减轻低收入者的负担，健全社会保障体系，提高向他们进行转移支付的能力。对高收入者的调节主要是阻力问题，他们是既得利益者，动他们的"奶酪"，肯定会有各种阻力。因此，要完善收入税和财产税制度，健全慈善捐赠制度，对高收入者的收入和财富进行调控，同时又不损害他们的创富能力和创富精神。

贫富差距的演变已经到了关键点，能否由升转降，我们既期望国家发改委的收入分配体制改革总体方案能够尽快出台，更期望能够进行制度创新，真正做到各要素各尽所能，各得其所。

《法治周末》，2012年9月19日

我国收入差距正迎来缩小的拐点

诺贝尔经济学奖得主西蒙·库兹涅茨曾提出,一国的收入差距与经济发展呈倒"U"形关系,即在经济发展的初期阶段,收入不平等状况会逐渐加剧;当经济发展到一定水平以后,收入差距会逐渐缩小。经济发展与收入分配的这一关系,也被称为"库兹涅茨曲线"。我国改革开放30多年的发展实践应验了"库兹涅茨曲线"的前半部分,即经济发展带来收入差距的持续扩大。收入差距的持续扩大引起中央的高度重视和社会各界的极大关注。那么,如何判断目前我国收入差距的发展趋势?综合来看,随着我国经济发展阶段的变化,随着中央调整收入分配关系举措的不断推出,我国正迎来收入差距变化的转折点,但这一转折还很不稳定,需要进一步的改革和政策支持。

收入差距缩小的拐点或已来临

一国的收入差距主要取决于城乡之间的收入差距、城乡各自内部的收入差距和城乡之间的人口比重。城乡之间的收入差距缩小、城乡各自内部的收入差距缩小、收入差距比较小的城镇地区的人口比重上升，都会带动库兹涅茨拐点的出现。当前迹象显示我国收入差距缩小的拐点或已来临。

城乡之间的收入差距在缩小。据有关研究，我国收入差距约50%来自城乡之间的差距，城乡差距的走向对整体收入差距的变动起着决定性作用。国家统计局的数据显示，我国城乡之间的收入比最近两年持续下降，从2009年的3.33下降到2010年的3.23，进一步下降到2011年的3.13。城乡收入比下降的背后，是农村居民人均纯收入实际增速连续两年超过两位数：2010年为10.9%，这是近年来农村居民纯收入增长速度首次超过城镇居民可支配收入增长速度；2011年为11.4%，显著地快于城镇居民收入8.4%左右的增长。

城乡中低收入群体收入增长快于高收入群体。在社会各界收入普遍增长的动态条件下，只有低收入群体的收入增长快于高收入群体，社会收入差距才有可能缩小。国家统计局的数据显示，"十一五"期间全国城镇居民五等分收入组的收入增长出现差异性的变化，2010年城镇居民低、较低、中、较高和高收入组人均可支配收入分别比2005年增长89.3%、89.3%、87.4%、84%和79.7%。城镇低收入组收入增长快于高收入组，意味着城镇内部收入差距在缩小。农村低收入群体的收入增长也出现同样的趋势。2010年农村居民按低、中低、中等、中高和高收入户分组的人均纯收入分别比2009

年增长 20.69%、16.43%、15.98%、15.04% 和 14.05%。今后一个时期，虽然高、低收入人群之间收入的绝对差距还可能会拉大，但只要相对收入差距缩小的趋势继续保持，整体收入不平等程度就将得到改善。

城镇化率超过 50%。在我国工业化和城镇化过程中，城乡收入差距不断拉大，而农村内部收入差距始终大于城镇。这样，人口从收入差距较大的农村向差距较小的城镇迁移，就起到了减缓收入差距拉大的作用。未来，在持续的人口城镇化与城镇地区收入差距缩小两种因素的共同作用下，社会整体收入不平等程度有望缩小。

收入差距拐点出现的原因

人口转型和刘易斯拐点来临，劳动者工资迅速上涨。近几年，劳动者工资上涨幅度较大，这是刘易斯拐点（劳动力从供大于求到供不应求的转折点）出现的必然结果。由于我国人口出生率下降和老龄化加速，劳动人口比重开始出现转折性变化。2011 年 15~64 岁的劳动年龄人口占总人口比重为 74.4%，比上年降低 0.1 个百分点。与此同时，我国经济依然保持快速发展态势，对劳动力的需求非常旺盛。一旦经济发展对劳动力的需求大于劳动力的供给，劳动力的"价格"——工资自然会上涨。2004 年沿海省份开始出现"用工荒"，现在已经扩展到内地省份。为了应对劳动力短缺，企业采取提高工人工资和福利待遇的方式招聘工人。刘易斯拐点的出现，意味着劳动者工资开始脱离"生存工资"水平，并持续保持上升态势。国家统计局的数据显示，2010年城镇居民人均工资性收入达到13708元，比2005年增长75.8%；农村居民人均工资性收入达到2431元，比2005年增长1.1倍。在城乡居民工资都大幅上涨的同时，农村居民的工资性收入增长快于城镇居民，城乡工资性收入差距趋于缩小。

劳动者受教育程度普遍提高，不同学历劳动者之间的工资收入比稳中有降。根据2009年全国人口变动抽样调查，我国粗文盲率下降到5.91%，新增劳动力人均受教育年限超过12.4年。教育的普及对教育收益率（每多受一年教育带来的收入增长率）的变化产生了重要影响。20世纪80年代以来市场取向的改革，使人力资本的市场价值得以实现，居民的教育收益率从较低水平提高到10%左右，这也是不同受教育水平劳动者之间收入差距扩大的重要原因。随着劳动者受教育程度普遍提高，高学历劳动者不再稀缺，教育收益率逐渐稳定，不同学历劳动者的工资比不再上升，近年来甚至出现工资趋同的现象，不同学历劳动者之间的收入差距在缩小。随着我国中等教育和高等教育的进一步普及，以及教育公平得到保障，教育对缩小收入分配差距的积极效应将进一步显现。

惠农政策持续加力，农民增收能力不断提高。2004年以来，中央一号文件连续聚焦"三农"问题，着力促进农村改革、农业增效、农民增收，取得了显著成效。随着改革的深化和发展水平的提升，2007年以来我国农产品价格出现明显上涨趋势。农产品价格走高固然会推动社会总体价格水平上涨，但也意味着农民收入提高。长期以来，我国工业产品和农业产品之间存在价格剪刀差，农产品价格上涨是农产品价格恢复到合理水平的必然要求，也是工业反哺农业的具体形式。同时，农业生产率逐年提高。以粮食为例，2010年粮食单产较2005年提高7.1%，因单产提高带来的粮食增产约3450万吨，占粮食增产总量的55%左右。随着农业科技投入的增加和现代农业生产技术的推广，未来农民收入提高的前景将更加广阔。

收入再分配政策不断完善，向低收入群体倾斜的政策效应开始显现。随着收入分配问题的重要性日益上升，中央提出要"更加注重社会公平，着力提高低收入者收入水平，逐步扩大中等收入者比重，有效调节过高收入，坚决取缔非法收入，促进共同富裕"，一系列向低收入群体倾斜的收入再分配政策相继出台。近年来，各地不断上调最低工资标准；城乡养老、医疗和最低生活保障等制度逐步完善，覆盖面迅速扩大；退休人员基本养老金水平持续提高；教育领域加大了对来自中低收入家庭学生的补贴，各级教育累计每年补贴支出数百亿元。低收入群体从这些政策中受益良多，居民家庭转移性收入在"十一五"期间保持10%以上的年均增长速度。

进一步巩固收入差距缩小趋势

应当指出的是，虽然目前我国正迎来收入差距缩小的拐点，但也存在一些不确定性。为了巩固收入差距缩小趋势，需要在以下几方面继续努力。

进一步深化市场取向的经济体制改革，为低收入群体创造更多机会。随着社会主义市场经济体制的建立，居民收入更多地依赖个体在市场上的表现。当前的收入差距过大问题，很大程度上是改革不彻底造成的。经济发展过程中的技术变化和产业转型会给社会个体带来大量机会，完善的市场经济体制能够确保个体获得相对平等的机会。如果低收入群体能平等地获得向高收入职业和产业转移的机会，那么，由职业和行业特征所带来的收入差距会缩小。然而，目前石油、电力、金融等行业还处于垄断地位，市场配置资源的基础性作用发挥还不充分，教育、社会保障等体制还不健全。这些因素阻碍了低收入群体获得提高收入的机会，成为扩大收入差距的重要原因。应进一步深化改革，破除市场垄断，减少行政干预，保证市场机会的公平分配。

继续深化户籍制度改革，推动城镇化率稳步提高。户籍与居民享受的教育、医疗以及社会保障等公共服务高度相关，户籍制度成为城乡差距产生的重要原因。另外，我国城镇地区收入差距小于农村地区，进一步提高城镇化率，让更多的人口生活在城市，能够有效控制和缩小收入差距。因此，改革户籍制度是巩固收入分配差距缩小趋势的重要措施。前不久发布的《国务院办公厅关于积极稳妥推进户籍管理制度改革的通知》，进一步放宽了中小城市的落户政策，并明确规定今后出台有关就业、义务教育与技能培训等政策措施不与户口性质挂钩。应以此为契机，继续深化户籍制度改革，逐步建立城乡统一的户口管理制度，实现城乡基本公共服务均等化，不断缩小城乡差距。

进一步加强劳动力市场制度建设，保障劳动者的合法权益。劳动者的工资既与劳动供需结构相关，也与劳动者在工资谈判中的地位相关。在缺乏有效工资协商制度的情况下，劳动者的工资难以与劳动生产率同步变动，劳动者的合法权益也难以得到有效保障。劳资双方出现争议是任何国家都避免不了的事情，建立一种公正的制度有效处理劳资纠纷是解决问题的关键。因此，应继续加强工资集体协商制度建设，切实加强工会的作用，保障劳动者的合法权益。

继续增加对教育、医疗、社保等领域的投入，增加中低收入群体人力资本积累。人力资本对收入分配具有重要作用。我国收入差距拉大，不是因为高收入者收入增长过快，而是因为低收入者收入增长太慢，特别是农村低收入群体，其收入的绝对规模和相对增速都处于较低水平。低收入群体收入水平的提高取决于多种因素，其中个人的才能、健康等是基础性因素。因而，要提高低收入群体的收入水平，就必须提高其人力资本水平。应继续增加教育、医疗与社会保障支出，特别是加强对流动人口的教育和培训，使他们享有更好的教育、医疗和社会保障等资源。

本文合作者：陈建伟

《人民日报》，2012年4月10日

期待"收入倍增计划"的高质量实施

党的十八大报告针对2020年全面建成小康社会的宏伟目标,首次提出"实现国内生产总值和城乡居民人均收入比2010年翻一番"。这一被称为"收入倍增计划"的具体目标,充分体现了科学发展观的精神,集中体现了以人为本的理念,被认为是党的十八大报告的一大亮点,引起了人们的广泛关注和热议。

只要不发生重大的意外,收入倍增计划的实现应该不是问题,因为我国仍然处于重要的战略机遇期,促进经济增长的诸多因素仍然存在,比如城镇化、相对低廉的劳动力、产业的区域转移与提升等。但根据过去30多年的发展经验,收入倍增计划的实施,有可能是高质量的,也有可能是低质量的。我希望,中国版的收入倍增计划能够得到高质量实施,这也是党的十八大报告强调收入倍增计划要建立"在发展平衡性、协调性、可持续性明显增强基础上"的用意所在。

首先,收入倍增要更好地惠及每一个阶层,注重阶层利益的平衡性。过去 30 多年，我国城乡居民的人均收入翻了好几番，但不同阶层收入的增长幅度是不同的，有的阶层收入增长更快，有的阶层收入增长更慢，因此，收入差距不断扩大，并成为今天中国最具紧迫性的改革难题之一。如果不做出新的调整和改革，这种状况很可能会延续下去，结果是人均收入倍增了，但很多人是被倍增。这是一种低质量的收入倍增，也是危险的收入倍增。因此，重塑收入分配流程，创新收入分配制度，确保低收入阶层的收入有更快的增长，是收入倍增计划得以高质量实施的内在要求。

目前的低收入阶层主要是人力资本和社会资本较少的阶层，以及除劳动收入外很少有其他收入来源的阶层。这意味着，要实施高质量的收入倍增计划，就必须继续实施扩大就业的发展战略，提高就业质量，保障劳动者权益，提高劳动报酬在国民收入分配中的比重；必须扩大社会保障的范围，提高社会保障的水平，使公共服务更加均等化；必须提高低收入阶层的就业能力和收入能力，给他们更多的平等发展机会；同时，必须打破垄断和特权，让一价定律和平均利润率规律得以发挥作用。

其次，收入倍增要更多地依赖创新，注重发展的可持续性。收入倍增的前提是经济增长。经济增长既可以是通过增加要素投入而获得，也可以通过提高全要素生产率而获得。过去 30 多年的经济增长，主要是通过要素投入实现的，其代价是资源的耗竭和环境的破坏，以及人们生活环境的恶化。显然，这是不可持续的，是与科学发展相悖的。未来的经济增长和收入倍增，要转到主要依靠提高全要素生产率而获得，要以创新作为驱动力。

创新靠什么？要靠技术、靠管理、靠制度，但终归得靠人，要使人的创造力和潜能得到激发。著名经济学家保罗·罗默曾经强调创意对于经济增长的重要性，认为创意具有溢出效应和非竞争性，而且创意与人口和人力资本关系密切，更多的人能带来更多的创意。我国人口众多，特别是进入21世纪以来，九年制义务教育得到普及，高中毛入学率和大学毛入学率大幅度提高，人力资本得到了巨大的积累。这是创新和创意的宝贵源泉。收入倍增从主要依赖投入转到主要依赖创新，要求我们继续扩大人力资本的供给，同时要配置好、使用好、激励好人力资本，提高人力资本和创新对于经济增长的贡献度。

最后，收入倍增要更好地建立在体制改革的基础上，注重收入分配生态的协调性。根据日本的经验，收入倍增是一系列过程的结果，涉及城镇化、产业结构调整、消费渠道拓展、社会保障建设、中小企业发展等，这些过程的协调性决定着收入倍增计划的质量。

我国收入倍增计划的高质量实施，既面临发展的问题，也面临改革的问题。在某种意义上，改革更为根本，因为现在仍有诸多体制机制问题制约着发展。比如户籍制度，不仅限制了居民的自由迁徙，更是造成了居民福利上的巨大鸿沟、上学、高考、就业、保障等公共福利，由于户籍的不同而差异巨大。国家统计局发布数据称，2011年全国人户分离的人口为2.71亿，也就是说，有近五分之一的人口正遭遇着户籍之困。传统的城乡分割逐渐减轻，但新的城乡分割，即城市内部的城乡分割日趋严重。这不仅增加了财富共享的难度，也损害着收入倍增计划的质量。因此，必须继续深化体制改革，理顺政府与市场的关系，提升收入分配生态的协调性，才能使收入倍增计划具有更高的质量。

我国实现收入倍增的计划时间是2020年，若能按时完成，是件了不起的事情。中共十八大后，各地很快都会制定相应的收入倍增计划。我只是担心，在数字竞标的驱动下，各地加总的收入倍增计划实现时间，有可能比党的十八大确定的时间大为提前。若此，数量扩张不可避免，有品质的增长则难。但愿我的担心是多余的。

《法治周末》，2012年11月13日

第二篇 经济学家思教育：聆听劳动力市场的声音

论教育自信

当前，我国正处在由第一个百年奋斗目标向第二个百年奋斗目标迈进的关键阶段。在迈向中国特色现代教育的关键时期，教育自信至关重要。

教育自信是"四个自信"的应有之义

习近平总书记在庆祝中国共产党成立95周年大会上旗帜鲜明地指出，中国共产党人"坚持不忘初心、继续前进"，就要坚持"四个自信"即"中国特色社会主义道路自信、理论自信、制度自信、文化自信"。

教育自信是"四个自信"的应有之义。教育自信，就是要坚定不移地走中国特色社会主义教育发展道路，坚持和发展中国特色社会主义教育理论体系和教育制度，自觉地通过教育传承，创新和弘扬中国特色社会主义先进文化。

近代以来，中国波澜壮阔的发展历史表明，加快推进社会主义现代化，实现中华民族伟大复兴，必须坚定不移地走中国特色社会主义道路。中国特色社会主义教育发展道路是中国特色社会主义道路的重要组成部分，是在中国共产党的领导下，立足教育发展的中国土壤，坚持教育优先发展的战略地位，坚持立德树人的根本任务，坚持改革创新，逐步实现提高教育质量、促进教育公平，稳步迈向教育现代化。我们坚信中国特色社会主义道路是实现社会主义现代化的必由之路，就必须坚信中国特色社会主义教育发展道路是迈向教育现代化的必由之路，是办人民满意教育的必由之路。

中国特色社会主义理论体系，为在新的历史条件下坚持和发展马克思主义做出了历史性贡献。中国特色社会主义教育理论体系是中国特色社会主义理论体系的重要内容，是在中国共产党的领导下，全体教育工作者不懈探索的智慧和心血，是对中国教育发展规律的深刻把握，是教育改革不断深化的指导方针。我们坚信中国特色社会主义理论体系是指导党和人民沿着中国特色社会主义道路实现中华民族伟大复兴的正确理论，就必须坚信中国特色社会主义教育理论体系是指导世界最大规模教育体系迈向现代化的、与时俱进的理论。

中国特色社会主义制度是当代中国发展进步的根本制度保障，集中体现了中国特色社会主义的特点和优势。中国特色社会主义教育制度是中国特色社会主义制度的重要内容，是顺应时代要求、符合中国国情、不断自我完善的制度体系，对于推动中国特色社会主义教育事业的科学发展起到了根本性的保障作用。我们坚信中国特色社会主义制度是当代中国发展进步的根本制度保障，就必须坚信中国特色社会主义教育制度是支撑中国教育不断改革发展的基石，是建成中国特色现代教育的根本保障。

习近平总书记在庆祝中国共产党成立95周年大会上的讲话中指出："文化自信，是更基础、更广泛、更深厚的自信。在5000多年文明发展中孕育的中华优秀传统文化，在党和人民伟大斗争中孕育的革命文化和社会主义先进文化，积淀着中华民族最深层的精神追求，代表着中华民族独特的精神标识。"教育是中国特色社会主义先进文化在一代又一代中华儿女的血脉中薪火相传、延续传承的核心社会机制，也是推动中国特色社会主义先进文化与时俱进、推陈出新的重要力量。教育担负的重要使命是引导青年一代自觉涵养坚定而充沛的文化自信，是推动中国特色社会主义先进文化深入广大人民群众的日常生活世界，并获得最广泛的社会基础和群众基础。中华民族的优秀文化通过教育才能深入人心，才能影响全中国乃至全世界。教育自信是文化自信的重要体现，是文化自信的源泉和载体。

中国教育改革发展伟大成就是教育自信的现实基础

习近平总书记明确指出："当今世界，要说哪个政党、哪个国家、哪个民族能够自信的话，那中国共产党、中华人民共和国、中华民族是最有理由自信的。"我们用短短60多年时间建成了世界上规模最大的教育体系，推动教育总体发展水平进入世界中上行列，培养了数以亿计的劳动者，支撑起世界第二大经济体，创造了举世瞩目的教育奇迹。同样，当今世界，中国的教育也是最有理由自信的。

其一，中国教育总体发展水平进入世界中上行列。我们在一穷二白的基础上建立起世界最大规模的、相对完善的教育体系，使13亿人口的大国基本普及了九年义务教育、基本扫除了青壮年文盲。2016年学前教育三年毛入园率达到77.4%，九年义务教育巩固率达到93.4%，高等教育毛入学率达到42.7%。

其二，教育体制机制改革取得重大突破。经过半个多世纪的改革探索和不懈努力，我国建立起中国共产党领导下的中国特色教育体制，人才培养体制、办学体制、管理体制、评价体制、财政保障体制改革全面深化，学习型社会建设迈出新步伐。

其三，高素质劳动力有力地支撑起世界经济强国。我国劳动年龄人口平均受教育年限达到10.23年，拥有1.7亿受过高等教育或拥有专业技能的人才，近年来每年有约1500万名受过高中阶段教育和高等教育的毕业生进入劳动力队伍，直接改善了劳动力结构，提升了国家人力资本水平，有力地支撑起世界第二大经济体的崛起奇迹。

改革开放以来，我国教育改革发展的成就举世瞩目，比较好地适应了经济社会发展需求，在优先发展、体制改革、质量公平方面取得了巨大突破。

这些是我们教育自信的现实基础。

坚持教育自信是稳步迈向中国特色现代教育的必由之路

改革开放以来，尤其是党的十八大以来，我国教育改革发展成效卓著。但随着教育改革进入深水区，一些深层次矛盾和问题逐步浮现出来，比如学生创新能力不强，教育公平有待深化，优质教育资源供给无法满足人民群众日益增长的需求，教育服务经济社会发展能力有待提高等。这些问题的存在使一部分人对教育的认识产生了偏差，忽视了我国教育取得的巨大成就，对教育发出批评和质疑声，甚至有很多负面评价，对我们的教育不够自信。

我国有世界上最大规模的教育体系，传承着几千年的文化基因。如果对我们的教育不够自信，忽视改革发展的巨大成就，盲目追随欧美，被社会上纷繁复杂的呼声和诉求左右，教育便会严重背离我们的文化土壤和教育发展固有规律。对教育不自信，会严重影响我们的教育评价体系、教育治理体系、教育制度设计，会让我们的教育走弯路。

树立教育自信是保持改革定力、稳步迈向中国特色现代教育的必由之路。只有自信的教育，才能在顺境中淡定从容，在逆境中奋进崛起；只有自信的教育，才能展现出海纳百川、有容乃大的精神气度；只有自信的教育，才能理智地总结过去30多年来的发展成就，正视阶段性的矛盾和问题；只有自信的教育，才能在开放的基础上避免拿来主义和保护主义的二元对立，更好地吸收全人类的先进教育经验；只有自信的教育，才能采取有力的改革措施，坚定、从容、稳健地迈向中国特色现代教育。

教育自信要扎根中国大地引领世界潮流

习近平总书记在庆祝中国共产党成立95周年大会上的讲话中指出："中国共产党人和中国人民完全有信心为人类对更好社会制度的探索提供中国方案。"中国共产党人和中国人民同样有信心为建成人民满意的教育做出中国典范。这种自信绝不是凭空臆想的，需要我们坚持不忘初心、继续前进，在中华优秀传统文化中汲取智慧，批判地吸收国际教育经验，积极参与全球教育治理，主动引领世界教育潮流。

1. 立足本土深化教育改革

教育自信必须同中国的历史文化相契合，同中国正在开展的教育改革发展轨迹相结合，同中国需要解决的时代教育问题相适应。

中华民族在漫长的历史中沉淀下来的优秀传统文化是中国教育的根基和灵魂。绵延几千年的中华文化，是涵养教育自信的深厚基础。自古以来，中华民族就有尊师重教、崇智尚学的优良传统，就有"文以载道、以文化人"的教化观念。"有教无类""因材施教"等教育箴言至今仍然闪耀着智慧的光芒;"学而时习之""温故而知新""举一反三"等教学理念对当今的教和学仍具有重要的指导意义;"传道、授业、解惑"的职责今天仍为师者提供行动指南。

中国教育改革发展的历史轨迹和当今存在的现实问题是中国教育再出发的基点和方向。一路走来,我们的教育始终是党领导下的教育,是服务人民的教育,是中国特色社会主义的教育。习近平总书记在北京大学师生座谈会上的讲话中指出:"我们走自己的路,具有无比广阔的舞台,具有无比深厚的历史底蕴,具有无比强大的前进定力。"我国有独特的历史、独特的文化、独特的国情,决定了我国必须走自己的教育发展道路,扎实办好中国特色社会主义教育。中国的教育必须扎根在中国的大地上。

2. 批判吸收国际教育经验

教育自信不是排外的闭关锁国,而是从容、平和地对待世界上一切先进的教育经验,并且加以理性选择、批判吸收。辛亥革命以后,中国教育先后学习日本、欧美的先进教育理念和教学方法。中华人民共和国成立后,新中国的教育开始学习苏联。改革开放之后,积极引进和学习欧美的教育理念。我们有学习他国先进教育经验的优良传统,但在学习的过程中,我们走了很多弯路,遇到了很多挫折,这在很大程度上都是教育不自信造成的。习近平总书记指出:"我们要虚心学习借鉴人类社会创造的一切文明成果,但我们不能数典忘祖，不能照抄照搬别国的发展模式，也绝不会接受任何外国颐指气使的说教。"对国外的教育理论、概念、话语、方法，要有分析、有甄别，适用的就拿来用，不适用的就坚决抛弃，不能生搬硬套。只有自信的教育才能具备这种理性和从容，才能不被一时的潮流所误导，才能不被表面的浮华所蒙蔽。

教育自信必须以马克思主义为指导，既立足本土，始终保持对自身教育的自信和定力；又面向世界，在汲取各种文明养分中实现创新发展。习近平总书记在哲学社会科学工作座谈会上的讲话中指出："要坚持古为今用、洋为中用，融通各种资源，不断推进知识创新、理论创新、方法创新。我们要坚持不忘本来、吸收外来、面向未来，既向内看、深入研究关系国计民生的重大课题，又向外看、积极探索关系人类前途命运的重大问题；既向前看、准确判断中国特色社会主义发展趋势，又向后看、善于继承和弘扬中华优秀传统文化精华。"

3. 积极参与全球教育治理

当前国际形势复杂多变，我国在维护国家权益、创建国际和平发展环境方面任务艰巨，迫切需要教育发挥促进各国民心相通、文化认同的基础性、先导性作用。教育自信要敢于承担时代责任和担当，为构建"人类命运共同体"贡献中国智慧。

教育自信要在国际舞台上积极发挥教育作用。不仅要让世界知道"舌尖上的中国"，还要让世界知道"教育中的中国"。一方面，加强培养具有国际视野、熟悉国际规则的高端人才，提高国际组织内中国代表的比例，增加中国在国际舞台上的话语权和影响力，为全球治理提供源源不断的人才支撑。另一方面，在国际力量对比发生深刻变化的过程中，软实力的竞争至关重要。要打造中国教育品牌，倡导教育走出去战略，积极输出中国教育服务，增加中国对外教育援助，吸引各国优秀人才来华留学。通过教育促进各国民心相通，让世界了解一个文化的中国、多彩的中国、博大的中国，让各国人民认同开放包容、和平崛起的中国。

4. 主动引领世界教育潮流

教育自信还要广泛传播中国教育故事，构建教育评价的中国标准，主动引领教育发展的世界潮流。

要加强中国教育话语体系建设。深入解读中国教育实践、构建中国教育理论体系。在国际舞台上广泛传播教育发展的中国经验、中国模式。习近平总书记在哲学社会科学工作座谈会上的讲话中指出："要善于提炼标识性概念，打造易于为国际社会所理解和接受的新概念、新范畴、新表述，引导国际学术界展开研究和讨论。"要鼓励教育研究机构参与和设立国际性学术组织，支持和鼓励建立海外中国教育研究中心，支持国外研究机构和学者研究中国教育问题。中国教育学者要自觉研究国际社会共同关注的问题，推出并牵头组织研究项目，增强我国教育研究的国际影响力。

要主动构建教育评价的中国标准。现在社会各界非常关注大学排行榜和国际组织测试，习惯用所谓的国际标准衡量中国教育。殊不知，就像习近平总书记在北京大学师生座谈会上的讲话中所指出的，"办好中国的世界一流大学，必须有中国特色""世界上不会有第二个哈佛、牛津、斯坦福、麻省理工、剑桥，但会有第一个北大、清华、浙大、复旦、南大等中国著名学府"。教育自信必须构建具有中国特色的教育标准，不能盲目追随发达国家。习近平总书记在参加十二届全国人大五次会议上海代表团审议时讲话指出，"金杯银杯不如百姓口碑，百姓心目中认定的才是最好的。不要太过在意那些国内外的大学排行榜，不能用干巴巴的指标评定我们心目中的好大学"。教育标准要强调教育对国家和地区经济、社会发展的贡献，要高度重视和坚持中国特有的教育内涵，体现中国特色、发出中国声音，同时积极扩大这些内涵的国际影响，让更多的国家和地区认同我们的标准。

实现教育现代化目标，建设社会主义现代化教育强国，必须增强教育自信。"千磨万击还坚劲，任尔东西南北风。"教育自信是铸就中国特色教育现代化的精神力量，是坚持中国特色社会主义道路自信、理论自信、制度自信、文化自信的重要内容，是顺利实现"两个一百年"奋斗目标和中华民族伟大复兴中国梦的坚实根基。

合作者：李廷洲

《中国教育报》，2017 年 8 月 23 日

教育要更多聆听劳动力市场的声音

教育当然有独立于劳动力市场的价值，但教育的发展在很大程度上要受劳动力市场状况的影响，培养什么人，以及怎样培养人，需要及时、准确地聆听劳动力市场发出的声音。

近几年，由于改革开放、经济发展、人口变化、技术进步等原因，我国劳动力市场发生了深刻变化，主要表现在以下几个方面。一是劳动力的供给持续减少。自2012年以来，劳动年龄人口总计减少了将近2000万，这一方面使人口红利逐渐消失，潜在增长率下降；另一方面，使部分地区和行业面临招工难。虽然现在已全面实施一对夫妇可生育两个孩子的政策，但由于人口惯性，在可预见的时期内，劳动年龄人口仍会是一种减少的趋势。二是现在处于经济新常态，经济增长从高速转到了中高速，根据奥肯定律，这将使就业压力大为增加。同时，供给侧结构性改革，去产能将释放出不少劳动力，比如仅煤炭、钢铁产业在去产能过程中就将释放出180万劳动力，这将加剧就业压力。三是劳动力价格不断上涨，廉价劳动力已成为过去时，企业的用工成本大幅增加。《人民日报》2016年对两省四市53家企业的用工成本调查显示，几乎所有接受采访的企业都表示，用工成本最近几年涨得很快，在企业成本占比中不断上升。为降低成本，很多企业开始用机器替代人。实际上，随着人工成本的增加和科学技术的进步，机器替代劳动力已经成为不可逆转的趋势。四是就业形态发生了重要变化，新经济催生了大量新就业形态，也创造了大量新就业岗位。比如，根据国家发改委提供的数据，仅平台经济就提供了约1000万个就业岗位。另外，根据阿里研究院发布的《数字经济2.0报告》，20年后，中国总劳动力人口中50%的人即4亿人将通过网络实现自我雇用和自由就业。五是就业极化现象明显，这既包括就业劳动力过分集中在某些区域，比如，智联招聘的数据显示，我国就业岗位的71%集中在东部地区，而东北部、中部和西部的岗位占比分别仅为5%、13%和11%；又包括就业市场的两极分化，即认知性和创造性强的高收入工作机会和体力性强的低收入工作机会都会增加，但是常规性和重复性强的中等收入工作机会将会大幅度减少。

　　应对劳动力市场的这些变化，既是教育发展的机会，也是教育的责任。我们的教育必须做出调整，才能使教育和劳动力市场在良性的轨道上相互促进，进而实现我国创新、协调、绿色、开放和共享发展。

1. 继续扩大教育的供给

我国过去 30 多年经济的高速增长,很大程度上得益于几近无限供给的廉价劳动力,但现在这种劳动力的供给已经不再无限了,甚至出现了减少的趋势,这就要求经济增长必须转换方式,要从要素驱动转到创新驱动。创新来自哪里?创新的决定因素很多,最重要的途径之一是人力资本的增加,创造人力资本红利以替代减少了的人口红利。现在关于中等收入陷阱的讨论很多,罗斯高教授曾经以韩国和墨西哥为例,说明教育在其中的重要性。他认为,墨西哥至今没有跨越中等收入陷阱的原因之一,是其教育发展不理想,因为劳动力的工资收入达到了中等收入国家的水平,但劳动力的教育程度还不高,生产率较低,所创造的财富甚至不足以弥补给他们支付的工资。这时,大量企业不愿意雇用当地劳动力,甚至迁到其他国家,这导致就业压力巨大和社会不稳定,国家长期在中等收入阶段徘徊。而韩国则是成功的例子,原因是其教育程度比较高,而且比较公平。劳动力的高教育程度和高生产率,消除了劳动力成本上升所带来的影响,所以韩国能顺利跨越中等收入陷阱。因此,无论从新经济增长源泉的形成来看,还是从跨越中等收入陷阱的角度来看,我国都应继续扩大教育的供给,包括高等教育规模的扩大和义务教育年限的延长,以及继续教育的进一步发展。

2. 着力提高教育的质量

教育质量没有绝对的指标,不同阶段、不同种类的教育，其质量标准是不尽相同的。但有一点应该是相同的，那就是培养的学生要更有创新创业能力，或说更有企业家精神。现在"大众创业、万众创新"已经成为国家战略，贯彻落实这一战略需要各项政策的配套支持，更需要"双创"能力的明显提升。"双创"能力每一个人都有，只是多少不同而已。人与人之间创新创业能力的差别，既有天生的因素，也是教育的结果。西奥多·舒尔茨在《处理不均衡状态能力的价值》一文中，将人们通过受教育而获得的能力区分为生产能力和配置能力，并认为配置能力类似于熊彼特所讲的企业家能力，是市场经济中非常有价值的能力，而且其价值随市场半径的扩大而提升。事实也证明，配置能力强的人，也具有更强的创新创业能力。因此，显著提高人们的配置能力或说创新创业能力，是未来一段时间教育的重要任务。对此，国家出台了很多政策和措施，比如2015年5月4日，国务院办公厅印发了《关于深化高等学校创新创业教育改革的实施意见》，对在高校开展好创新创业教育提出了明确的要求、任务和措施。这是非常必要的，正如李克强总理所说，大学生是实施创新驱动发展战略和推进大众创业、万众创新的生力军。如果大学生有很强的创新创业能力，不仅其自身就业问题能迎刃而解，而且创新驱动发展将会有持续保障。但现实的效果往往并不尽如人意，比如现在大学毕业生从事创业的比例还不高，创业质量也不理想，原因当然是多方面的，其中一个重要原因，是企业家精神和企业家能力从大学阶段才开始开发和培养，可能有些晚，最好是从小学阶段就要开始开设相关课程，灌输相关理念。实际上，欧美发达国家确实是从小就开始了创新创业教育的，比如美国有个叫国家经济学教育委员会（National Council on Economic Education）的机构，它在发布的《讲授基本经济学概念大纲：范围和顺序指导，K-12》中，明确列出了从幼儿园到小学四年级需要学习的主要经济学概念，比如稀缺与选择、市场与价格、机会成本等。这很值得我们学习。

3. 切实促进教育的均衡性

共享是我国"十三五"乃至更长一段时期的五大发展理念之一。共享当然包括教育的共享，而且在某种意义上，教育共享是一种基本的共享。现在地区之间、城乡之间、人群之间的教育非均衡性非常明显，比如2014年，大专及以上受教育程度者占劳动者的比重，全国平均为16.0%，而北京却高达55.87%，好几个省在10%左右，有的地方甚至不到6%。这种教育和人力资本的非均衡性是造成前述就业之区域极化现象的重要原因之一。教育的非均衡性，如果不采取措施进行干预，很容易导致不公平的代际传递，这是有悖共享理念的。因此，促进教育的均衡性是未来的一项重要任务。2012年9月国务院颁发了《关于深入推进义务教育均衡发展的意见》，明确了义务教育均衡发展的指导思想、基本目标和政策措施，几年下来，效果不错。其实，不仅义务教育需要均衡化发展，中等教育和高等教育的人才培养，以及地区之间也有均衡化发展的问题。现在国家和各省（区、市）都在落实《统筹推进世界一流大学和一流学科建设总体方案》，这对于我国实现到21世纪中叶基本建设成为世界高等教育强国的目标是非常必要的，但需要指出的是，在建设好"双一流"的同时，对那些进入不了"双一流"计划的普通地方院校甚至民办学院，也必须予以足够的关注；对那些进入不了"双一流"计划的省（区、市）的高等教育，同样也必须予以足够的支持。因为有研究表明，高等教育内部不同高校之间生产率差异太大，不利于高等教育的整体创新。

4. 全面推进教育的供给侧结构性改革

供给侧结构性改革是我国产业迈向中高端、实现创新驱动发展的重要推力，也是实现教育规模扩大、质量提高和均衡化发展的重要推力。现在的教育供给与教育需求之间，还有很大的差距。这种差距既体现在数量和规模上，更体现在质量和结构上。随着教育的发展和生活水平的提高，人们对教育的需求呈现多元化、个性化和特色化等特点，对优质教育资源有着巨大的需求，但我国优质教育资源的供给严重不足，致使择校现象、高收费现象、天价学区房现象等时有发生，或大量的教育需求转向海外，留学人数大幅增加，而且呈现低龄化趋势。教育的供需差距还体现在学校培养的人才满足不了产业和企业的需求，这在劳动力市场上一方面表现为大学毕业生就业难，另一方面表现为企业招人难。教育的供给侧结构性改革，要求必须继续增加优质教育资源的供给，以满足人们日益增长的多样化、个性化和特色化教育需求；必须继续优化教育结构，以满足产业迈向中高端和实现《中国制造2025》目标进程中的人才需求；必须继续深化教育体制改革，特别是要处理好政府与市场的关系，使市场在人力资本的生产和配置中发挥更大的作用，并更好地发挥政府的作用，以更好地满足办学主体办学自主权的要求。

《教育经济评论》，2017年第2期

市场决定性作用下的教育改革和发展

党的十八届三中全会提出"使市场在资源配置中起决定性作用和更好发挥政府作用",这一观点对于教育领域的改革和发展具有重要的指导意义,也就是说,深化教育领域综合改革,也要处理好政府与市场的关系,要充分考虑市场在资源配置中起决定性作用这一大背景。

一 市场决定性作用为教育改革和发展提供了难得机遇

教育与经济关系密切。人力资本理论认为,教育对于推动经济增长有着非常重要的影响,教育状况的好坏甚至决定着一个国家是否能成功跨越中等收入陷阱。从根本上说,教育发展的好与坏,取决于经济状况的好与坏,教育的制度与运行,也取决于经济的制度和运行。当市场在资源配置的作用从基础性提升为决定性时,教育改革和发展也将进入一个新阶段。

教育发展将具有更多的资源。教育发展的状况与市场作用的大小紧密相关。市场的决定性作用，必将使劳动、知识、技术、管理、资本的活力竞相迸发，使改革红利不断涌现，为经济持续增长奠定更加坚实的基础，从而为教育发展提供更加充足的条件。

教育改革将面临更大的压力。与经济体制改革相比，教育体制改革有其特殊的规律，是个更慢的过程。但面对已经变革的经济体制，教育体制是一定要做出调适的，否则，教育不仅不能为经济转型和发展提供足够合格的创新型人才，甚至还会成为经济发展的一种制约，从而出现教育与经济的不匹配。

1984年党的十二届三中全会通过了《关于经济体制改革的决定》，邓小平同志认为，该决定为我国社会生产力的大发展、为我国社会主义物质文明和精神文明的大提高，开辟了广阔的道路，今后事情成败的一个重要关键在于人才，而要解决人才问题，就必须使教育事业在经济发展的基础上有一个大的发展。因此，1985年通过了《中共中央关于教育体制改革的决定》，由此开启了教育体制改革的新征程。

1993年党的十四届三中全会通过了《中共中央关于建立社会主义市场经济体制若干问题的决定》，第一次明确市场在资源配置中起基础性作用，自此，教育体制改革和教育发展也进入了新阶段，仅20世纪90年代就颁发了《中国教育改革和发展纲要》《关于深化教育改革全面推进素质教育的决定》等影响深远的教育改革文件。

党的十八届三中全会通过的《中共中央关于全面深化改革若干重大问题的决定》，对未来的改革进行了全面部署，市场的作用被提高到了"决定性"这一前所未有的高度。这将对教育改革和发展提出更高的要求。因此，深化教育领域综合改革，既是全面深化改革的重要内容，也是教育自身健康发展的必由之路。教育改革应该有时不我待的紧迫感。

二 教育改革和发展要充分考量市场的决定性作用

在经济领域，市场在资源配置中要起决定性作用，这已形成共识。在教育领域，由于其准公共产品的性质，市场在资源配置中不能起决定性作用，这也已形成共识。但这并不意味着教育领域不需要市场发挥作用，相反，教育改革和发展要充分考量市场的决定性作用，教育领域所存在的一些问题，必须通过市场发挥更大作用才能解决。比如，大学教育的主要任务是立德树人，培养身心健康、满足社会需求的合格人才。但从最近几年的社会反映来看，大学教育存在两个突出问题：一是培养的人才创新性不足；二是大学毕业生就业困难，很多用人单位觉得毕业生不好用。对此，大学教育是负有一定责任的，其中重要原因之一是大学教育运行过程中对市场作用的考量不够。

改进和提升大学教育的质量，使大学毕业生具有更强的创新能力和创业能力，从而更好地满足社会需求，需要深化改革，更好地发挥市场的作用。

在政府与大学的关系上，要尽可能减少政府对大学的直接干预，根据《中华人民共和国高等教育法》，扩大大学的办学自主权利。这其中特别重要的一点是，要依靠教育家办学。我国经济持续增长的背后是市场作用的不断发挥，市场经济为企业家阶层的崛起和壮大、为企业家长袖善舞提供了宽广的平台。实际上，每一个成功的企业，特别是创新型企业，都有一个或一群敬业而有创新精神的企业家。没有企业家在资源配置中的独特作用，资源配置的优化和经济效率的提高就无从谈起。教育家于教育领域的改革和发展，类似企业家于经济领域的改革和发展。教育家要将大学办出特色，争创一流，使不同大学"横看成岭侧成峰，远近高低各不同"，也必须有足够宽广的平台。为此，主管部门要放权给大学，为教育家办学创造更为宽松的环境。

在办学的评价上，要更多地听从市场的声音。一所大学办得是否有高质量、有特色，不应该主要由政府管理部门说了算，而应主要由市场说了算，由用人单位、学术同行等利益相关者说了算。对于用人单位满意、学术同行评价较高的大学，就应该给予更多的支持，而不管它是不是属于"985""211"大学，甚至不管它是公办大学还是民办大学。《中共中央关于全面深化改革若干重大问题的决定》提出，要"委托社会组织开展教育评估监测"，今年2月15日，国务院办公厅发布《国务院关于取消和下放一批行政审批项目的决定》。减少政府性评价、增加市场性和社会性评价的改革措施,得到了广泛的好评,必将会使教育资源得到更加优化的配置,使大学有更多精力去满足市场的需求,并在满足市场需求的过程中不断得到发展,不断提高质量,从而形成一种良性循环。

三 教育改革和发展要更好发挥政府作用

既要使市场在资源配置中起决定性作用,又要更好发挥政府作用,这是一个问题的两个方面。与纯粹私人产品不同,教育是准公共产品,其生产要充分考量市场的决定性作用,但更要更好地发挥政府的作用。市场的作用越充分,政府在教育领域就越应该有坚守。2014年全国教育工作会议对政府的教育职责做了非常好的概括,即把方向、促公平、调结构、抓改革和转职能。在我看来,这又可进一步概括为公平和效率两个方面,因此,更好地发挥政府作用,就是要在提高教育效率的同时,促进教育公平。

关于教育效率。有研究表明,如果我国行业内部不同企业之间的边际生产率能与美国一样,则全要素生产率能提高25%。也就是说,一个行业内部不同企业之间的边际生产率要适中,否则,会阻碍行业创新。我国自20世纪90年代以来,对高等教育的投入不可谓不大,但这种投入有个特点,那就是将学校划分为三六九等,对不同等级的学校给予不同的经费支持。结果，不同大学之间的人均经费和产出水平也就差异很大。这也许是我国大学创新性不高的重要原因。为此，要反思并改革过去的拨款制度。对于科学研究，由于学科结构和研究实力等原因，大学之间经费差异明显是可以的，但对于人才培养，不同大学之间生均经费的差异则不宜太大，即大学之间人才培养的条件也要均衡化。

关于教育公平。教育公平是人发展起点的公平，不仅影响同代人的竞争，还会影响代际公平性的传递。因此，要在制度上保障人人有公平接受教育的权利。随着教育的改革和发展，我国教育的公平性已大为提高，但仍存在很多阻碍人们平等接受教育的制度安排。比如，现在有近2亿的流动人口，他们是人户分离，居住地和户籍所在地不一致。根据现行政策，其随迁子女要回户籍所在地高考，这导致了诸多麻烦，是典型的不公平。虽然国务院办公厅于2012年8月转发了教育部等四部委《关于做好进城务工人员随迁子女接受义务教育后在当地参加升学考试工作的意见》，但各地落实的程度都不是很高，而且差异很大。此外，虽然我国现在已经普及了九年义务教育，高中阶段教育毛入学率达到了85%，高等教育毛入学率达到了30%，应该说上学难的问题已经得到了比较好的解决。但问题是，上好学校难的问题解决得并不是很好，中小学阶段的择校问题仍然比较严重，不同阶层上"985""211"等大学的比例差异很大。因此，要根据变化了的情况，推进考试招生等制度改革，以确保学生有平等的受教育机会。

《改革内参》，2014年7月

论教育优先发展与就业优先战略的关系

中国一直非常重视教育的发展，党的十三大强调"必须坚持把发展教育事业放在突出的战略位置"，党的十四大第一次提出"必须把教育摆在优先发展的战略地位"，党的十五大再一次强调了这一指导方针。进入 21 世纪以来，党中央对教育优先发展高度重视，党的十八大报告更是把教育放在改善民生和加强社会建设之首，做出了坚持优先发展教育的战略决策，这体现了我们党对教育优先发展战略的认识一以贯之与不断深化。

全面建成小康社会，需要转变经济发展方式，使经济增长从主要依靠投资和出口转变为消费、投资和出口协同拉动，特别是使消费需求发挥更大的作用；从主要依靠物质投入转变为更多地依靠科技进步和管理创新；从主要依靠低劳动力成本和人口红利驱动转变为主要依靠劳动力质量提高和人力资本红利驱动。这意味着人在经济发展中处于更加重要的地位，这同时也对教育提出了更高要求。经过多年的努力，2012年财政性教育经费支出占GDP的比重将达到4%，这是一个很大的成就，但与国家经济社会发展对人才培养的需要相比，与广大人民群众对优质教育的期盼相比，与促进人的全面发展的目标相比，教育仍存在诸多问题。因此，继续把教育摆在优先发展的战略地位，扩大教育规模，优化教育结构，提高教育质量，创新教育体制，促进教育公平，是顺应时代要求，从人口大国进入人才强国和人力资源强国行列的必由之路。

经过教育等开发的高素质人力资源，能否转变为强国资源，还取决于其配置和使用状况。如果配置不合理，使用不恰当，人力资源就很难成为强国资源。因此，使受过教育的劳动者顺利就业，是建设人力资源强国的重要一环。1995年，《哥本哈根宣言》提出："承诺将促进充分就业的目标作为经济和社会政策的一个基本优先目标，并使所有劳动者通过自由选择的生产性就业，获得有保障的、可持续的生活手段。"2001年国际劳工组织通过的《全球就业议程》进一步指出："使经济增长和繁荣的潜力得以发挥的基本条件是，生产性就业被置于经济和社会政策的核心位置，使充分的、生产性的和自由选择的就业成为宏观经济战略和国家政策的总目标。"中国一直非常重视就业，在不同发展阶段都制定有就业战略。党的十七大报告提出了"实施扩大就业的发展战略"，将扩大就业摆在了经济社会发展更加突出的位置；党的十八大报告更是提出要"实施就业优先战略"，在中国共产党全国代表大会报告中第一次将就业摆放在社会经济发展的优先位置。这是一个重要的变化，因为长期以来我们一直把经济增长列为优先考虑的目标，即使在2008年金融危机来临、大量农民工失去工作的背景下，我们追求的仍是保增长，而与此形成对比的是，美国等发达国家则以就业岗位的创造作为主要考量目标。因此，现在把就业列为优先战略，既是与时俱进、求真务实的表现，也是促进人力资源和人力资本有效释放，进而促进人力资源强国建设的重要途径。

教育和就业属于两个不同的系统。教育优先发展战略已实施了近20年，而就业优先战略则刚开始实施，二者如何互动和衔接，对于有效实施"两个优先"至关重要。如果二者协调不好，会直接影响人力资源强国进程。

自1999年扩招以来，高等教育实现了跨越式发展，十多年来，累计有近4700万名接受过高等教育的毕业生走向了劳动力市场，2013年更是有创纪录的699万名毕业生。虽然政府对大学毕业生就业非常重视，最近几年甚至把大学毕业生就业视为头等就业问题，但大学毕业生的初次就业率一直维持在70%~80%，即到毕业时仍有100多万名毕业生未能落实就业岗位。对此，无论是老百姓还是学术界都有诸多争论。有人认为，教育应对此负主要责任，因为教育培养的毕业生的质量不能满足劳动力市场的需求。也有人认为，主要责任在劳动力市场，是劳动力市场分割和产业结构调整太慢导致大学毕业生不能及时就业。应该说，这些争论涉及如何认识和处理教育与劳动力市场的关系，以及如何认识和处理教育优先发展与就业优先战略的关系。

教育当然首先要满足劳动力市场的需求，适应劳动力市场的变化，因此，教育的规模、结构和质量要适应劳动力市场的规模、结构和质量要求，并不断进行调整。当农村劳动力的供给开始减少、低劳动力成本很难延续时，必须以质量替代数量，不断开发人力资本红利以替代不断减少的人口红利。这种转变要求不断提升劳动者的受教育程度和人力资本含量，这就使不断扩大教育规模成为一种必需的选择。近几年，随着产品结构和产业结构的升级，技工开始变得紧缺，这就要求大力发展职业教育以增加技工的供给，并相应地调整教育结构。

然而，教育并不总是被动地满足和适应劳动力市场的变革，它反过来又会引领劳动力市场的变革。诺贝尔经济学奖得主西奥多·舒尔茨认为，由于教育等人力资本投资，人的经济价值会不断提高，这种提高产生了对新制度的需求，政治、经济、法律等制度为满足这种需求而不断进行调整和改革，于是制度发生变革。就教育引领劳动力市场的变革来看，至少有以下几个方面。（1）更加充分的就业。找不到工作是劳动力和人力资本的闲置，更高教育水平的劳动力具有更高的人力资本。高等教育的大众化，只有伴随更充分的就业，才能更好地推进人力资源强国建设。（2）更高质量的就业。就业有数量和质量之分，在就业数量达到一定程度后，人们更关注的是就业质量。现在大学毕业生就业难,在某种意义上,不是难在有无工作,而是难在有无高质量的工作。因此,推动更高质量的就业,提高就业的稳定性和满意度,使工作和生活有更好的平衡,不仅是就业优先战略的重要内容,也是教育优先发展的内在要求。(3)更好的工资收入水平。更高的教育水平和人力资本,会带来更高的边际生产力,自然要求有更好的工资收入水平、更好的社会保障。最近几年,随着劳动力工资水平的上升,不断有关于工资水平上升会损害企业国际竞争力的言论。应该说,这二者确实有一定关系,但更高的工资收入并不只会提高人工成本,它还会促进更多的创新,从而提高国际竞争力。实际上,教育的大规模扩展,也要求由低人工成本驱动的发展模式转变为创新驱动的发展模式。(4)更强的流动性。教育之所以能促进效率的提高并带来更高的回报,在某种意义上依赖其配置能力的发挥。而配置能力发挥作用的重要前提是市场的半径和劳动力市场的均质性。中国至今仍存在严重的劳动力市场制度性分割,这抑制了教育的作用。因此,若要使教育有更充分的回报,必须打破劳动力市场的制度性分割,进而使劳动力流动成本大幅度降低。

就当前教育优先发展和就业优先战略的关系来看,笔者认为就业优先战略需要做出更大的努力。最近十几年中国的教育取得了重大进展,已积累了巨大的人力资本。如何改革劳动力市场制度,使就业优先战略得到更好的实施,从而使人力资本的潜能得到更有效释放,是从人口大国迈向人才强国和人力资源强国进程中所面临的一项重要任务。

《中国人口科学》,2012年第6期

给教育发展以良好的社会政策环境

流行歌曲《心太软》里面有这样一句歌词:"你总是心太软,心太软,把所有问题都自己扛。"我觉得现在的教育部门就面临这样一种状况,人们对教育颇有微词,认为眼下教育领域出现的种种乱象,是教育部门的责任,教育部门似乎也把教育的所有问题都自己扛。比如,前年开始讨论的"钱学森之问",教育界对此展开了一系列讨论和反思,但教育界外的讨论和反思则鲜有,给人的印象是,教育要为创新型人才的短缺负全责。我认为这是片面的,甚至是不公平的,因为创新型人才是教育、劳动力市场、政府政策等多方面共同作用的结果,仅靠教育内部的反思和改革,而无劳动力市场制度、政府政策等的改革和完善,创新型人才短缺的局面难以有根本突破。

诺贝尔经济学奖得主西奥多·舒尔茨曾将教育给人们带来的能力区分为两种:一种叫生产能力,即在给定资源配置下,使产出最大化的能力;另一种叫配置能力,即使给定资源得到优化配置，使产出价值最大化的能力。这两种能力都很重要，但在不同经济体制环境下，它们的经济价值不同。比如，在计划经济条件下，资源配置是由上级甚至是中央权力部门决定的，多数个人只要听命和执行有关计划就可以，这时有较强的生产能力是个人在竞争中胜出的重要条件，配置能力则几乎没有发挥作用的空间；在市场经济条件下，市场在资源配置中发挥基础性作用，微观个体是资源配置的主体，这时配置能力对一个人在竞争中胜出就很重要。在某种意义上，人们对生产能力的需求是应试教育产生的基础，对配置能力的需求则是素质教育推行的基础。现在我们对于应试教育转向素质教育的必要性和重要性都很清楚，但对于为何素质教育效果一直不尽如人意却不是很清楚，其实从应试教育转向素质教育的根本所在是已由计划经济转向市场经济。素质教育的推行之所以困难重重，很大程度上是因为计划经济转向市场经济不够彻底，资源配置中的政府痕迹仍很明显。也就是说，在市场经济体制全面建立以前，素质教育是难以得到全面推行的。

当前教育之种种乱象，比如学生课业负担过重、择校热、补课热、名校热等，同样具有很深的社会政策根源，其中很重要的一点是人才评价标准，即什么样的人属于人才。多年前听过一个"五指争功"的故事，至今仍然印象深刻。有一次五根手指不知什么原因相互争功，拇指说它是老大，因为它排第一，而且主人夸一个人能干、厉害时，都会以拇指相示；食指说它厉害，因为它的身材妙不可言，而且最灵活；中指说它厉害，因为它最挺拔伟岸，而且排在最中间；无名指说它厉害，因为主人的结婚戒指是戴在它身上的，见证了爱情，表示忠贞不渝；小拇指说它厉害，因为主人见佛相拜时，它是第一个看见佛并感受佛的。正在它们争论不休时，一只苍蝇落在了主人的脸上，主人举起手，并拢五指，一巴掌向脸上拍去，苍蝇被拍死了。主人说，你们几个都很重要，各有自己的功能，相互不可替代。是的，在社会上，不管什么出身背景、什么能力，每个人都有自己的价值，都有自己的位置，正是这种"横看成岭侧成峰，远近高低各不同"，社会才能多元共存，丰富多彩。

2010年颁布实施的《国家中长期人才发展规划纲要（2010~2020）》开篇就说："人才是指具有一定的专业知识或专门技能，进行创造性劳动并对社会作出贡献的人，是人力资源中能力和素质较高的劳动者。"这是一种比较宽泛、开放和多元的定义，但现实是，人们往往用简单甚至是单一的标准来衡量一个人的水平和价值。比如很多单位非"985""211"高校毕业生不要，这是用人单位发出的非常强的信号，家长和学生为了将来能在劳动力市场进入所谓的好单位，就必须想尽办法，使尽浑身解数，进入所谓的名牌大学。但能考上这些大学的学生只是少数。因此，"不能输在起跑线上"成为很多家长的坚定信念，从幼儿园、小学就开始为进入高一层次的教育而准备、付出。分数面前，人人平等，为了获得高分数，就必须走应试之路。就我所知，很多学校其实是很愿意实施素质教育的，但家长不同意，老百姓不同意，听说有些地方已实施了素质教育，不以成绩论英雄，让学生全面发展，但在家长的呼吁和要求下，又回到了应试教育的老路子上。在分数很难作为选才标准的情况下，就以各种证书作为补充材料，因此，各种课外班就应运而生。对学校和老师的评价，也是以考上好学校的学生数量和比例为依据，这是一种典型的个体理性而集体非理性。社会是个综合体，有不同行业、不同职业、不同岗位，需要不同层次、不同特长的人去填充，去运作发挥，他们共同构成社会有机体，但现在用一种标准，特别是用精英的标准，来判定人才，并给予不同的资源。在这种大的背景下，教育家的舞台是有限的，教育的自主性是有限的，仅要求教育和学校做出改革和调整，难以使孩子快乐健康成长。

教育要为社会经济发展培养合格的人才，但更要激发每一个孩子的潜能，使孩子除有专业知识和技能外，还要有健康的身体和心灵，要学会生活。人的禀赋是有差异的，在高等教育已经实现大众化的情况下，只用一种标准特别是精英标准来框教育水准，这对很多孩子来说是不公平的。要改变这种状况，就必须优化我们的社会政策环境，比如要给人们更多的选择和更自由的流动，不论出身，不论学历，都有平等的竞争机会。同理，要给不同类型企业和不同规模企业平等的政策环境，只有给民营企业和中小企业以良好的发展空间，只有创业门槛比较低、创业环境比较好，人们才不至于都往国家机关、事业单位和垄断的国有企业拥挤，所谓的人才标准才可能多元化。

教育目前之种种乱象，自有教育自身的原因，但也是社会经济政策环境扭曲的体现。如果让"浮云遮望眼"，我们对教育的判断会失准。让教育回归教育吧，不要把什么责任都往教育上推。为此，要创造良好的社会政策环境，否则，会使现实的教育离我们期望的教育越来越远。

国务院参事室编《为了孩子健康快乐成长——中国基础教育大家谈》，人民教育出版社，2012年

职业教育发展面临新机遇

教育是一种准公共产品，其发展取决于供需状况。供需两旺，其发展则好而快，否则，其发展将不尽如人意。职业教育作为教育之一种，在全面建设小康社会的新阶段，正面临供需两旺的难得机遇，因此，其发展将进入快车道。

一 经济新常态对职业教育发展有着巨大需求

自2012年以来，我国经济进入了新阶段，其主要特征包括以下几方面。一是经济从高速增长转到中速增长，2012年GDP增速"破8"，为7.8%，2013年为7.7%，今年上半年则为7.4%。而且多数人的共识是，经济增速换挡回落、从过去10%左右的高速增长转为7%~8%的中速增长是新常态，为此，经济增长从过去主要靠要素投入驱动转到靠创新驱动，从重数量转到重质量。二是处于从中等收入阶段跃升到高收入阶段的关键期，人工成本大幅提高。三是改革将全面深化，市场在资源配置中将起决定性作用。这种新特征、新常态，对职业教育的发展提出了巨大需求。

1. 经济转型升级需要大量高技能人才

我国是制造大国而不是制造强国，更不是创造大国和创造强国，在全球价值链中处于低端位置。其中的原因很多，也非常复杂，但有一点是明确的，那就是我国制造业队伍总体素质不高，制约着产品和产业质量的提升。根据人力资源和社会保障部职业能力建设司提供的数据，我国技能劳动者仅占就业人员的19%，高技能人才数量还不足5%。以我国电子信息产业为例，技师、高级技师占技术工人比例仅为3.2%，而发达国家一般在20%~40%。讲起制造，人们经常以瑞士为例，因为瑞士制造的钟表和军刀已经成为"高质量、高信誉"的代名词。确实，瑞士是个小国，据报道，其95%的原料和能源以及65%的消费品靠进口，但经过瑞士人的双手，其中70%~90%的产品被增值高达几倍甚至几十倍在国际市场上出售。为什么？原因当然也有很多，但其中公认的一点是，其完善而高效的职业教育体系。钟表制造业工人也许没有上过大学，但大多经过系统的职业技能培训，是能工巧匠。因此，如果要做到习近平总书记所强调的适应新常态，就必须打造经济升级版，从低附加值的制造转向高附加值的制造，从制造转向创造。要实现这种转型，劳动者职业能力建设是关键。这既包括现有产业工人的能力提升，也包括新进入产业工人队伍的人的能力培养，甚至还包括大学及以上毕业生的职业能力培养和转换。

2.企业竞争力提升需要大量高技能人才

经过多年的发展,我国已成为世界第二大经济体,人均GDP超过了6000美元,按世界银行标准,属于中上等收入国家。与此相关联,我国正逐渐告别劳动力廉价时代,劳动力成本大幅提升,这也是一种新常态。企业要适应这种新常态,在激烈竞争中胜出,必须提高核心竞争力,这面临两种选择。一是不断创新,提高全要素生产率,减少对劳动力的招聘和投入,从而相对降低人工成本。二是维持劳动力的用工规模,甚至还有所扩大,但前提是劳动力所创造的价值要高于已大为提高的人工成本。这两种选择都要求劳动力的技能等人力资本水平必须有明显提高。各方面的研究已经证明,企业创新与其员工的人力资本水平是密切相关的,更高的人力资本及其有效配置,是创新的重要条件。同时,国内外的实践已经表明,在人工成本总体提高的情况下,劳动者的人力资本水平是决定企业是否愿意聘用更多劳动力的重要因素。常被提及的例子是韩国和巴西,这两个国家在20世纪80年代经济发展处于同一水平,但今天,韩国已成功越过中等收入陷阱,进入发达国家行列,而巴西则仍属于发展中国家。造成这种差别的一个重要原因是两国的教育体系不同。韩国教育体系健全,职业教育有比较好的发展,而且教育分配比较公平,因此,企业能在人工成本大为提高的情况下招聘到足够的、具有较高生产率的工人,从而保证企业有持续的竞争力。巴西则不然,教育发展不理想,而且城乡差异、阶层差异大，企业很难在人工成本上升的情况下招到满意的劳动力，结果失业问题严重，社会问题丛生。我国最近几年企业不断发出"招工难"的呼声，其实，"招工难"的背后，是技术工人的短缺，是高级技工的短缺，据统计，仅制造业高级技工的缺口就高达400余万人。

3. 全面深化改革极大地刺激了个人的职业教育需求

职业教育对国家和企业都很重要，国家也非常重视职业教育，但个人和家庭似乎并不愿意去接受职业教育，个人意愿与国家需求形成了明显反差。这也是我国职业教育发展并不尽如人意的重要原因，因为脱离了个人意愿，任何行为都将事倍功半。人们之所以主观上不愿意接受职业教育，主要是因为职业教育和非职业教育毕业生的社会地位存在很大差别，有些政策对职业教育毕业生存在歧视。不过，这一状况正在改变。党的十八届三中全会开启了全面深化改革的序幕，市场将在资源配置中发挥决定性作用。特别是2014年7月30日颁布实施的《国务院关于进一步推进户籍制度改革的意见》，明确提出要建立城乡统一的户口登记制度，取消农业户口与非农业户口性质区分和由此衍生的蓝印户口等户口类型，统一登记为居民户口，同时，全面放开建制镇和小城市落户限制，稳步推进城镇基本公共服务常住人口全覆盖。这意味着，劳动力市场的制度性分割将被逐渐破除，一个人，只要身怀一技之长，能为社会创造价值，不管出身于职业教育还是普通教育，都有发展空间，都有出彩机会，都会受社会尊敬。若此，人们对教育类型的选择就将出现多元化，年轻人将依据自己的家庭背景、兴趣爱好、就业前景等选择教育类型和教育层次，甚至有越来越多的年轻人将职业教育作为自己的首选。基于个人和家庭意愿的职业教育需求，是职业教育发展的最强大动力。

二 职业教育的供给边界将大为拓展

近年来我国职业教育的发展取得了显著成就。根据教育部提供的数据，2013年全国共有职业院校1.36万所，年招生1016.7万人，在校生2933.8万人，其中中等职业学校1.2万所，年招生698.3万人，在校生1960.2万人，分别占高中阶段教育的45.9%和44.5%。高等职业院校1321所，年招生318万人，在校生973.6万人，分别占高等教育的45.5%和39.5%。这比较好地满足了社会经济发展对人才的需求。由于下面三个原因，职业教育的供给边界将会大为拓展，供给的质量将会大为提高。

第一，党和政府对职业教育发展的重视程度空前。这集中体现在2014年6月习近平总书记就加快职业教育发展所作出的重要指示。他强调，职业教育是国民教育体系和人力资源开发的重要组成部分，是广大青年打开通往成功成才大门的重要途径，肩负着培养多样化人才、传承技术技能、促进就业创业的重要职责。要高度重视、加快发展职业教育，努力培养数以亿计的高素质劳动者和技术技能人才，努力让每个人都有人生出彩的机会，为实现"两个一百年"奋斗目标和中华民族伟大复兴的中国梦提供坚实人才保障。习总书记的指示为"为什么要办好职业教育""如何办好职业教育"等指明了方向，这是新时期我国职业教育发展的行动指南。

第二，国家对职业教育发展的支持力度空前。《国家中长期教育改革和发展规划纲要（2010~2020年）》对各级各类教育的发展有明确的定位，基础教育强调"均衡"，中等教育强调"普及"，高等教育强调"质量"，职业教育强调"发展"。从中可以看出，国家已将职业教育置于未来教育体系中一个特殊重要的地位。在实践中也确实如此，不仅投入大量资金改善办学条件，免除中职农村学生、城市涉农专业和家庭经济困难学生的学费，19个省（区、市）全部免除中职学费，而且在体制机制、办学模式等方面迈出了实质性步伐。2014年5月国务院印发的《关于加快发展现代职业教育的决定》，更是对加快发展现代职业教育进行了全面部署，提出："到2020年，形成适应发展需求、产教深度融合、中职高职衔接、职业教育与普通教育相互沟通，体现终身教育理念，具有中国特色、世界水平的现代职业教育体系。"基于此，国家将出台一系列发展政策和改革措施，推动职业教育的高质量发展。比如，教育部正在采取试点推动、示范引领等方式，引导一批普通本科高等学校向应用技术类型高等学校转型，重点举办本科职业教育。独立学院转设为独立设置的本科高等学校时，鼓励其定位为应用技术类高等学校。

招生、投入等政策措施向应用技术类高等学校倾斜。这一转型当然会遇到大小不等的阻力，但它对推动职业教育发展的价值是值得期待的，因为这些普通本科高校的办学历史、社会声誉等都要比很多职业院校强，它们转型为应用技术类高等学校，面向实际、面向应用、面向就业，对于提高职业教育的质量和吸引力将发挥重要引领作用。

第三，社会力量参与职业教育发展的动力空前。我国教育特别是高等教育和职业教育有今天这种大发展的局面，社会力量的参与功不可没。《民办教育促进法》于2003年实施后，社会力量不仅为教育的发展注入了巨额资金，还推动着教育体制机制的改革。后来由于种种原因，社会力量办学的动力有所减弱。不过，对于职业教育发展，社会力量参与的动力又空前高涨起来。原因有两个。一是企业对高技能人才的需求旺盛，这驱动着企业直接或间接介入高技能人才的培养。实际上，有远见、有实力的企业，大多会主动与职业院校对接，甚至自己办企业大学（学院），以为自己延揽人才或培养人才占得先机。二是职业教育作为国家重点扶持的教育类型，是一个值得投资的领域，具有很大的回报空间，特别是政府鼓励社会力量兴办职业教育。对此，《关于加快发展现代职业教育的决定》明确规定："积极支持各类办学主体通过独资、合资、合作等多种形式举办民办职业教育；探索发展股份制、混合所有制职业院校，允许以资本、知识、技术、管理等要素参与办学并享有相应权利。……社会力量举办的职业院校与公办职业院校具有同等法律地位，依法享受相关教育、财税、土地、金融等政策。健全政府补贴、购买服务、助学贷款、基金奖励、捐资激励等制度，鼓励社会力量参与职业教育办学、管理和评价。"可以预见，新的一轮社会力量参与职业教育的浪潮即将来临。

三　如何使职业教育的供需更加匹配

供求两旺的局面为职业教育的大发展、大繁荣提供了难得的机遇。为使二者在规模、结构、质量上更好地匹配，还需要处理好下面三个关系。

一是政府与市场的关系。教育不能市场化，但市场在资源配置中起决定性作用，对教育的发展一定会产生深远影响。在各种教育中，职业教育是与市场最紧密相连的一种类型，断开了与市场的脐带，没有市场的滋养，职业教育就将失去活动。因此，在职业教育发展中，既要发挥政府的作用，特别是发挥政府在保基本、促公平过程中的作用，着力营造制度环境、制定发展规划、改善基本办学条件、加强规范管理和监督指导等，更要发挥市场的作用，动员更多社会力量参与办学，使职业院校具有更强的自主性，充分发挥教育家在职业教育发展中的作用，让市场评价作为检验办学质量的主要标准。

二是学校与企业的关系。企业是经济的细胞，是职业教育毕业生的最终需求者和评价者。当前职业教育存在的与市场需求衔接不畅问题，一个重要原因是企业对职业教育的介入不够，企业的需求没有得到足够的重视，企业的师资没有得到足够的使用，企业的知识没有得到足够的传输。高质量职业教育要求职业院校与企业有更加紧密的联系。每一所职业院校都应有一个或若干个企业支撑，企业需要什么专业的学生就设置什么专业，实行"订单式"教育，招生即招工。学校的课程设置、培养规格等，要充分考虑企业的需求。企业不仅为学生提供实训实习基地，还要参与人才培养过程某些环节的管理，为课程开设、产品设计、实习实训等提供师资，每一个学生都能得到来自学校和企业的老师的指导。此外，根据国内外的成功经验，校企合作不仅体现在学校的人才培养上，还体现在企业的研发上。因此，将学校资源与企业资源对接，真正形成产学研一体化，是深化职业教育改革和发展的重要内容。当然，这不仅需要发挥政府、学校、企业的作用，还要发挥行业协会的作用，让行业协会参与到职业教育中来并发挥作用，是校企关系的积极扩展。

三是专业知识学习与职业精神培养的关系。职业教育既应包括专业知识的学习，也应包括职业精神的培养，二者都应贯穿于人才培养过程的始终，缺一不可。现在的问题是，学校更重视专业知识的学习，不太重视职业精神的培养，或者说，现在的职业院校毕业生，专业知识掌握得还不错，但职业素养和职业精神明显缺失。因此，职业教育一方面要继续改革课程体系，工学结合，夯实专业知识基础，成为某一专业或领域的行家里手。另一方面更要强化职业素养和职业精神的培养，正如习近平总书记所指出的，"要树立正确人才观，培育和践行社会主义核心价值观，着力提高人才培养质量，弘扬劳动光荣、技能宝贵、创造伟大的时代风尚"。如果没有足够的职业精神和敬业精神，专业知识会疏于高效使用；如果有很强的职业精神和敬业精神，专业知识将能有效转化为生产力，而且还能强化干中学。

《前线》，2015年第4期

面向未来的技术技能人才培养

未来不远，未来已来。但未来长什么样子，并没有一致清晰的图像，可谓是"横看成岭侧成峰，远近高低各不同"。不过，有一点大家的认识是一致的，那就是以人工智能、机器人等为代表的新的科技革命，将极大地重塑产业结构和劳动力市场，从而改变工作的性状。教育是为了未来的事业，我们的教育包括职业教育，必须面向未来，培养未来需要的人才。

大家知道，我们每一个人从事的工作都是由若干任务单元组成的，而完成这些任务单元需要不同的技能与工具（仪器、设备、装置等）的有效结合。从工作任务的性质来看，一些常规性工作任务仅需要重复性体力劳动或手工操作即可完成；一些工作任务则需要借助一定的复杂工具和灵活操作才能完成；还有一些工作任务需要创造性地运用逻辑思维、有效沟通和情景决策才能完成。每一次科技进步都会对工作岗位的变化带来冲击，一方面新科技会提高生产率，促进经济的增长，或带来新的产业，从而创造出新的工作岗位，增加就业；另一方面，新科技、新设备、新动力等也会程度不等地对劳动力的某些功能进行替代，比如机器对重复性体力劳动和手工操作的替代，会破坏工作岗位，减少就业。最近200多年来，科技革命进程下的人类社会就是在工作岗位创造和工作岗位被破坏的期待和焦虑中走过来的。

这次科技革命以人工智能和机器人等为代表，与以前的科技革命相比，人工智能最大的不同是机器能自我学习，而且学习能力还很强，其应用呈现鲜明的人机协作、多任务组合与跨界融合的新特征，给技能结构单一的职业技术人才的就业带来较大挑战。根据麦肯锡的一份研究报告，全球经济中约有50%的工作时间在理论上可以被目前已经证明的技术替代。而且，大约800个职业中超过2000个工种具有被自动化技术所替代的可能。到2030年，大约4亿~8亿名就业者可能会被自动化替代而需要寻找新的工作。

就业是民生之本，是最大的民生。为避免更多人掉入"就业陷阱"，使人们更好、更充分地分享新科技革命带来的进步果实，我们的教育（包括职业教育）应该守正创新，主动做出改革和调整，培养出更多未来社会和未来劳动力市场所需要的技术技能型人才。

为培养更多有更强工作胜任力的技术技能型人才，有三点建议。

一是要将"工匠精神"的培养置于更加重要的位置。在人工智能时代，我们毫无疑问要提升职业院校学生的人工智能和大数据等前沿基础理论知识储备，要具备硬知识、硬技能。但我认为工匠精神这样的软技能也很重要，甚至是更重要的。工匠精神是热爱本职工作、一丝不苟、吃苦耐劳、精益求精、摒弃浮躁、执着专一的精神。这种"工匠精神"，实际上是一种非认知能力。国内外的大量研究证明，非认知能力对个体职业发展具有至关重要的作用。比如，诺贝尔经济学奖获得者詹姆斯·赫克曼等开展的一系列研究发现，非认知能力对个体的劳动力市场表现具有显著的促进作用。工匠精神是促进劳动者边干边学、不断改进流程、精益求精、不断追求卓越品质的源泉，正是这种精神成就了当今世界的制造业强国。离开劳动者的工匠精神，不可能有瑞士的钟表，不会有享誉全球的"德国制造"，也不会有享誉世界的萨维尔街服装。因此，改进课程、改善教学、改变评价、提高技术技能人才的非认知能力和工匠精神，是非常重要的。

二是要切实提高企业参与职业教育的积极性。大家都知道德国的职业教育很先进，其中的重要经验是扩大产教融合和校企合作。这一模式以企业为实施主体，参加者首先同企业签订学徒合同，在企业进行实践学习，在职业院校进行理论学习。学生有相当多的时间在企业工作，有专门的师傅指导。应该讲我国也很重视产教融合，比如2019年初国务院印发的《国家职业教育改革实施方案》和2019年10月国家发展改革委、教育部等六部门印发的《国家产教融合建设试点实施方案》等都突出了产教融合的重要性，并给出了具体措施。但实践中比较普遍的现象是，职业院校积极性很高，企业的积极性不是很高，职业院校和企业对产教融合的态度冷暖不一。因此，如何从具体政策上激励企业和企业的技术技能人员有效参与人才的培养过程，决定了职业院校人才培养是否能符合企业现在和未来的需求。这涉及企业的教育责任问题，建议国有企业在产教融合中发挥带头示范作用，同时国家要出台更多更具操作性的政策，使企业有动力去主动、创造性地承担教育责任。

三是要结合区域产业布局突出人才培养特色。与普通教育相比，职业教育更强调专业技术和技能。由于技术技能型人才有较强的专用型人力资本，其流动半径一般没有通用型人才的流动半径大，因此，技术技能型人才与特定产业的结合度更高。事实上，人工智能、机器人等新科技的广泛应用，也一定是跟特定的产业相结合的，而不同区域的产业结构与当地资源禀赋、发展阶段等密切相关。也就是说，不同地区的技能需求结构是不一样的。比如，有的地方制造业比较集中，有的地方服务业占比较高，而且服务业本身又有不同的侧重点，是以生产性服务业为主，还是以生活性服务业为主，各地情况是有差别的。这就要求我们要统筹好职业教育与区域发展布局，要引导职业教育资源逐步向产业和人口集聚区集中，要有自己的特色。比如北京市的服务业占比已超过80%，服务业领域的技术技能型人才需求量比较大，职业教育就应该将此作为重点。中部地区要打造全国重要的先进制造业，就要有相应的职业教育基地。同理，京津冀协同发展、大湾区建设、长三角一体化、东北老工业基地振兴发展等战略布局，一定会有相应的产业布局和产业集聚，要求有各具特色和各有侧重的差别化职业教育发展路径。

在2019年8月举行的第45届世界技能大赛上，我国代表团再次荣登金牌榜、奖牌榜，团体总分第一名。对此，习近平总书记作了重要指示，强调了技术技能人才对于支撑中国制造、中国创造，对推动经济高质量发展的重要作用，要加快培养大批高素质劳动者和技术技能型人才。实际上，具有60多年历史的世界技能大赛素有"技能奥林匹克"之称，它始于西班牙。据说举办这个大赛的直接目的是吸引年轻人接受职业教育，以应对当时西班牙的技术工人大量短缺。第46届世界技能大赛将于2021年在上海举行，希望我们能以此为契机，加强宣传，提升技能技术人才教育的吸引力，吸引更多年轻人加入技术技能型人才队伍。

2019年12月5日在"赢未来：职业教育发展国际研讨会"上的发言

新环境下商学院教育发展需要做好五个平衡

过去30多年经济高速增长，促进了商学教育和商学院的快速发展，同时，商学教育的快速发展也是经济高速增长的重要原因之一。但现在处于新阶段，用比较流行和官方的词语来形容，则有新常态、供给侧结构性改革、"互联网+"、大众创业、万众创新、中国制造2025等。这改变了商学院发展的生态环境，对商学教育的发展提出了挑战。

新环境下商学院教育发展的变化趋势很多，其中重要的一点是，数量扩张的速度会变慢，有些商学教育项目甚至会缩小，但对商学教育质量的要求在提高。衡量商学教育质量的指标很多，为应对未来这种变化了的环境，我认为最重要的是，商学教育要提高学生的创新能力和创业精神，或说企业家精神。我国"十三五"时期五大发展理念之首是创新。不创新、没有创新，我国经济增长就很难实现中高速，产业就很难迈向中高端，发展就很难实现绿色协调可持续，当然也就很难实现全面建成小康社会的目标。

实际上，创新能力和企业家精神，作为一种资源，在"互联网+"的时代，也具有更大更长久的经济回报。因此，如何提高创新创业精神和能力，是摆在每一位商学院领导面前的问题。

为此，商学院教育需要做好五个平衡或再平衡。

一是平衡好 learning by studying 和 learning by doing。

知识可以通过学习获得，也可通过实践来获得。1962年诺贝尔经济学奖获得者阿罗（Arrow）在著名的《干中学的经济含义》中提出了干中学效应，认为干中学是理解效率、创新和增长的一个重要角度。另一位诺贝尔经济学奖获得者赫克曼认为，非认知能力对于一个人的劳动力市场表现，有时比认知能力还重要。确实，有些知识，特别是未编码知识，或说隐性知识，和有些能力，比如非认知能力，干中学可能是一条更有效的获取途径。因此，我们一方面要继续巩固提升 learning by studying，使学生系统掌握理论、知识、工具和方法；另一方面，又要提供机会和条件，使学生通过干中学，通过实践，来提高自己应对环境变化的能力。

二是平衡好 formal education 和 informal cultivating。

正规的学校教育对绝大多数人来说是有效的，是不二之选。但对于少数与众不同的人来说，正规的学校教育则可能是无效的，甚至会扼杀掉这些少数人与众不同的特质，而这些少数人可能就是我们所需要的创新型人才。因此，我们一方面要继续改进正规的教育,提高正规教育的质量,又要为那些与众不同的人提供宽松的环境,做到因材施教,后一点对解决"钱学森之问",即使创新型人才、杰出人才不断地冒出来,尤其重要。

三是平衡好 local study 和 global perspective。

以前是我们一头沉地学国外先进的理念、课程、教材和教法等,现在要更多地基于本土的经验,包括案例等。同时,国际化本身也有再平衡问题。改革开放后,我们更多地与欧美发达国家合作,这是很必要的。在某种意义上,拜发达国家商学院为师,与它们紧密合作,请进来、走出去,是我国商学院教育在较短时间内迅速发展的重要原因。这个策略应该继续坚持下去。但在未来,更要配合国家发展战略,比如"一带一路"倡议,加强与金砖国家、共建"一带一路"国家的合作,发挥引领作用,拓展商学教育发展的空间。

四是平衡好 business education 和 ethics education。

在商必须言商,但在商又不能仅仅言商,对这个问题,现代经济学的老祖宗亚当·斯密已有很系统的论述。2008年金融危机以来,全球商学院教育更是进行了一系列反思——如何将责任、道德等融入商学教育。实际上,人文教育也有助于创新。耶鲁大学校长苏必德在2016年3月19日召开的中国发展高层论坛上有个发言,他举了一个例子,说阿里巴巴董事局执行副主席蔡崇信本科阶段在耶鲁大学攻读法学,但蔡崇信表示,他在学校学到的最重要的内容,不是法学上的知识,而是一个爵士乐课程,这帮助他学会了怎么去创新地思考,即兴发挥,从环境考虑创新。乔布斯也曾经说过,他在里德学院退学后,没有离开学校,而是选了一门书法课,"我学到了衬线字体和无衬线字体,怎样在不同的字母组合间调整其间距,以及怎样做出完美的版面设计。这其中所蕴含的美、历史意味和艺术精妙之处是科学无法捕捉的,这让我陶醉","如果我大学的时候从没有上过那门课,麦金塔计算机里绝不会有那么多种字形以及间距安排合理的字体"。

五是平衡好 traditional education 和 on-line education。

在"互联网+"的时代,教育毫无疑问是可"+"的产业和产品之一,而且是必须"+"的产业和产品之一。现在 MOOC 模式(Massive Open Online Courses,大规模在线开放课程)和 SPOC 模式(Small and Private Online Courses,小规模校内在线课程)在国外逐渐流行,把商学院搬到网上去,搬到"云"上去,已经不是一句口号,而是变成了现实。因此,我们既要继续做好 face to face 的教育,这在短期内甚至长期内,仍可能会是教育的主流;也要重视 on-line 教育,运用现代信息技术,改进和提升商学教育。实际上,借助信息技术,既是商学院教育发展的必经之路,也是商学院承担社会责任的重要体现和途径,因为,在大众创新和万众创业的时代,将商学院的优质资源对外开放,将商学院的名家课程分享给大众，以更好地提升民众的创新能力和企业家精神，是商学院在新发展阶段的重要使命。

2016年3月24日在"新华网首届商学院发展论坛"

上的发言

创新仅强调教育还不够

创新是个永恒的话题,但在当下,创新显得尤其紧迫,因为我国要在2020年建成创新型国家,经济增长要从要素投入驱动转向创新驱动,要形成"大众创业、万众创新"的局面。但事情往往又不如人所愿,虽然我国的各种创新取得了显著进展,但总的来说,创新不足,创新对经济发展的贡献度还比较低,与国家的需求仍有很大距离。

决定创新的因素有很多,根据《全球创新指数报告》,社会制度、人力资本、基础设施、市场成熟度、企业成熟度等都会影响一个国家创新的数量和质量。其中,人力资本在我国是最受关注的维度。这很容易理解,因为自1999年高等教育扩招以来,大学毕业生的数量不断增加,今年更是达到了749万。但这似乎并没有带来创新的明显增加,相反,用人单位对大学毕业生的负面评价不断见诸媒体。2005年钱学森先生提出的"钱学森之问",更是将高等教育问题引爆成全民关注的问题,对教育的负面评价充斥于各种媒体。

2013年郑也夫先生出版了《吾国教育病理》，其开篇就写道："写作这本书的动力是愤懑，一个超龄愤青的双重愤懑之情。愤懑之一是对中国教育走到这步田地，搞成这副模样；之二是目睹管理者解答中国教育困境之弱智。"在此背景下，很多人都把创新不足的原因归结为教育，认为大学培养出来的年轻人创新精神和创新能力不足。

客观地说，我国的教育确实存在很多问题，但如果把创新不足简单地归因于教育，可能于事并无大补。教育系统负责的是人力资本的生产，人力资本质量高低当然会影响创新的程度。但事情到此并没有完结，人力资本还有个配置环节，如果配置不合理，即使人力资本生产是高质量的，其对创新的作用也会是有限的。

我们可将人力资本所要配置的领域分为两个部门，一个是生产部门，一个是非生产部门。根据凯文·墨菲等人的研究，当优秀的人力资本更多地配置在生产部门时，将有更多的创新和更快的经济增长；相反，当优秀的人力资本更多地配置在非生产部门时，创新和经济增长的表现会更差。这是因为这两个部门的运行方式和激励机制等不太一样。在生产部门，通行的行为准则是求异存同，收入与自己创造的效益高度相关。而在非生产部门，比如党政机关，通行的行为准则是求同存异，收入更多与职位相关联。我国的情况比两部门复杂些，主要是生产部门可进一步分为垄断性生产部门和非垄断性生产部门，垄断性生产部门特别是行政性垄断性生产部门，带有一定的非生产部门性质，比如有行政级别等。如果我们教育系统培养的人才，更多地配置在非生产性部门和垄断性生产部门，则其创新动力和创新行为就会大打折扣，从而创新不足。事实正是如此。一个证据是，在这三个部门中，非生产性部门中受过高等教育的劳动者占比最高，垄断性生产部门次之，竞争性生产部门最低。

因此，我国创新不足的原因，既可能是人力资本生产质量不高，也可能是人力资本配置不合理，或者二者兼而有之。我个人认为，后者应该承担更大的责任。实际上，人力资本的形成，既来自教育，也来自干中学，而且在知识折旧越来越快的今天，干中学越来越重要。如果有好的激励，比如在竞争性生产部门中，劳动者收益与其贡献紧密挂钩，那么，即使起始的人力资本质量不是很高，其创新能力和创新动力也会得到足够的激发。

为什么我国人力资本的配置会更高比例集中在非生产部门和垄断性生产部门？这是因为在这些部门工作能得到更高的回报。这种回报，既有经济的，也有非经济的；既有显性的，也有隐性的。各种回报类似于市场价格，非生产性部门和垄断性生产部门的回报高，自然会吸引更多优秀的人力资本。21世纪以来，报考公务员的人数连年攀升，从一个侧面说明，当公务员对很多人来说是有吸引力的。而这种回报差异的背后，则反映出资源配置方式的问题。政府部门作为非生产性部门，之所以受到优质人力资本的青睐，是因为我国政府是重要的资源配置主体,这为相关人员寻租甚至设租,提供了很大的空间。

实际上,人力资本配置偏差及其背后的资源配置方式,不仅可以比较好地解释我国当前的创新不足,在一定程度上还可以解释历史上的创新不足问题。比如"李约瑟之谜"和"费正清之惑"。"李约瑟之谜"讲的是,中国的科学技术一直领先于世界,但后来的科学革命和工业革命为什么没有发生在中国?"费正清之惑"讲的是,中国商人阶级为什么不能摆脱对官场的依赖,建立一支工业的或经营企业的独立力量?由于科技革命和工业革命是创新的结果,商业阶级类似于企业家阶层,而企业家的重要使命是创新,因此,这两位先生的问题,与钱学森先生的问题,具有相通之处。蔡昉教授在最近的一篇文章中,对"李约瑟之谜"给出了一个新解释,认为中国之所以在历史上未能形成打破马尔萨斯贫困陷阱所必需的物质资本和人力资本积累,并将其转化为科技创新,从而错失科技革命和工业革命,一个重要原因是物质资本和人力资本积累激励机制出现了偏差。这具有很强的启发性。但在我看来,我国人力资本积累的激励机制一直存在,而且很强,所谓"书中自有千钟粟、书中自有黄金屋、书中自有颜如玉"即是。但这种激励,是与权力联系在一起的,科举中举者,绝大部分去了非生产部门,很少去生产部门。即使去了生产部门,甚至还有所成,也会想尽办法往权力中心或权力部门靠近。这正如费正清先生所说,中国商人具有一种与西方企业家完全不同的想法，中国的传统不是创造一个更好的捕鼠器，而是从官方取得捕鼠的特权。因为政府一直都是资源配置的重要主体，没有政府背景，工业或商业将难以做大做稳。

创新的爆发式涌现，需要有诸多条件支撑。就人力资本条件来讲，进一步提高教育质量，使培养出来的毕业生更具创新能力，这是很重要的。我想这点已经有共识了。但对于人力资本的偏差性配置，则很少有人认识到。仅强调教育的问题，而看不见人力资本配置的问题，解决不了创新不足的问题，对教育也不公平。我们已经积累了巨量的人力资本，自高等教育扩招以来，已经毕业的大学生就超过了6000万人，这是创新的宝贵资源。但前提是，他们的配置需要优化，需要有更多的大学生到竞争性生产部门就业。这又要求政府减少对市场的干预，让市场在资源配置中发挥决定性作用，特别是要让竞争性生产部门有更大的发展空间，使那些在竞争性生产部门就业的人力资本有更好的回报。实际上，那些最具创新力的经济体，无一不是教育比较发达、市场比较健全、竞争性生产部门处于主流地位。

《社会科学报》，2015年9月17日

以什么替代人口红利支撑经济增长

日前国家统计局发布的《2012年国民经济和社会发展统计公报》显示，2012年末，我国15~59岁的劳动年龄人口为93727万人，占总人口的比重为69.2%，人数比上年末减少345万人，比重比上年末下降0.60个百分点，这是在多年增长后的首次下降。同时，60周岁及以上人口达到19390万人，占总人口的14.3%，比上年末增加了891万人，提高了0.59个百分点；其中，65周岁及以上人口达到12714万人，占总人口的9.4%，比上年末增加了427万人，提高了0.27个百分点。这是我国人口结构发生根本性转变的重要信号。面对这种转变，我们必须很好地思考和应对的一个问题是：在人口红利逐渐减少的阶段，如何找到新的更多的经济增长源泉？

支撑过去30多年经济快速增长的原因很多，其中人口红利的获得是重要的一个。所谓人口红利，是指一个国家的劳动年龄人口占总人口比重较大，需要抚养的少儿和老年人占人口的比重较小，从而使整个国家的经济呈现高储蓄、高投资和高增长。现在劳动年龄人口逐渐减少，老年人口不断增加，扶养比上升将是一种必然。这会减少高储蓄的可能性，也会提高劳动力的价格，从而使依靠高储蓄、高投资而实现的高增长失去基础。我们要承认和接受这种现实，并找到某种替代的增长源泉。这其中，人力资本红利的培育和获取，被认为是破解人口红利减少的最有效的手段之一。

所谓人力资本，是指人们通过教育、培训、迁移、保健等方面的投资而获得的知识和技能，以及使用这些知识和技能的能力。这些知识、技能和能力能给投资者个人和社会带来经济回报，因而是一种特定的资本。人力资本能提高生产力，是创新的重要源泉。各国的实践表明，教育等人力资本能解释经济增长的三分之一，而且，随着经济发展水平的提高，人力资本的作用越来越明显。因此，要增加人力资本的供给，优化人力资本的配置，激发人力资本的潜能，尽可能多地获取人力资本红利，以弥补人口红利减少所带来的损失。

人力资本供给的增加，要求改善我们的教育和培训。最近十多年，我国的教育事业得到了快速发展，2012年，研究生教育招生人数达到了59万，普通高等教育本专科、各类中等职业教育和全国普通高中分别招生689万、761万和845万，高等教育毛入学率超过了26%，基本满足了社会经济发展对各类人才的需求。但也应清醒地看到，到2010年，我国大专以上学历者占人口总数的比例才8.93%，离人才强国还有很大距离。因此，我们要继续扩大教育的规模，对已经走向市场的劳动力加强培训，同时，改革教育培训体制，提高人力资本生产的质量，使劳动者具有更强的适应性、创造性和企业家精神。

人力资本配置的优化，要求改善我们的市场结构。人力资本是比物质资本更宝贵的资源，需要得到更加合理的配置和使用，否则，将是一种浪费。人力资本是创新的源泉，但这要以市场竞争为前提，市场必须发挥基础性配置作用。当前，大学毕业生就业存在一定难度，这是一个问题，需要想办法下大力气解决。因为就业是民生之本，也是人力资本发挥作用的基础。

由于种种原因，很多毕业生喜欢进党政机关工作，因此，报考公务员的人数不断攀高。从创新的角度看，这是有问题的。因为劳动力市场宏观上可分为两个部门，一个是创新力较高的部门，一个是创新力较低的部门。相对来说，公共部门的创新要求是比较低的，因此，太多优秀的毕业生挤进公务员系统，不利于整个国家的创新。企业特别是中小企业，是创新的主体，我们要采取措施，使人力资本含量比较高的大学毕业生愿意去中小企业工作，或自己创业，使人力资本的配置更有利于创新。

人力资本潜能的激发，要求改善我们的分配制度。教育等投资之所以能形成人力资本，是因为其能带来回报，而且是比较高的回报,即所谓的百年树人。如果没有回报,或回报很低,则人们无投资教育培训的动力,即使获得了较高的人力资本,也没有动力使其创新的潜能得到释放,就会抑制人力资本的生产能力和配置能力。

我国当前的收入分配存在诸多问题,比如,收入差距过大,分配不公平。一个具体表现是,有些群体,多读书并不能带来更多的收入,甚至还可能教育致贫,读书无用论时不时泛起。另外,有些群体通过不正当渠道迅速致富,对人力资本的投资和使用都是负激励。因此,改善分配制度,使教育回报率维持在一个比较适当的水平,对于人力资本红利的获取至关重要。

《法治周末》,2013年2月27日

"百年树人"新解

"百年树人"对绝大多数国人可以说是耳熟能详，因为我国很多中小学校的门口都写有"十年树木，百年树人"八个大字，但要问"百年树人"是什么意思，很多人则可能难以准确回答。我曾问过不少人，包括学生、教师、教育主管部门领导等，大部分人都说它意指培养一个人不容易，需要很长时间，也有人说是指教育对于一个国家的千秋大业很重要。这样的回答当然不能说错，但也有失偏颇。

要准确地回答"百年树人"的含义，有必要回到它的出处。我国古代名著《管子·权修》写道："一年之计，莫如树谷；十年之计，莫如树木；终身之计，莫如树人。一树一获者，谷也；一树十获者，木也；一树百获者，人也。"这一论述被后人简单地概括为"百年树人"，意思是，从长远来考虑，投资于人是最合算的。为什么？因为对于稻谷，投资一次只能收获一次；对于果木，投资一次只能收获十次；但对于人自身，投资一次却能连续不断地得到收获，即它的回报是长期的。

显然，与前述多数人的理解相比，对"百年树人"的新解至少可以得出下面两点结论。一是它不仅考虑了投资于人的成本，更看重的是投资于人的收益，而且这种收益不仅是短期的，更是长期的。如果光强调培养人的不容易，需要很长时间，那谁还会有积极性投资于人？二是它不仅看到了投资于人的宏观价值，即教育等人力资本投资对于国家千秋大业的重要性，也看到了投资于人的微观价值，无论个人还是企业，都能从人力资本投资中获益。如果光强调宏观价值，微观主体则很可能没有动力进行人力资本投资。

各国的实践也确实证明，个人能从投资自身得到很高的回报。由于对自身进行投资的形式很多，包括教育、培训、健康、迁移等，这里仅以教育投资为例。有个叫萨卡洛布洛斯的经济学家曾经计算或收集70多个国家或地区的教育收益率数据，发现投资教育比投资房地产合算得多。比如在发展中国家，小学教育的个人收益率平均高达32%，中学和大学教育的个人收益率也平均高达23%，用我们现在的眼光来看，简直就是暴利。而且，与其他投资相比，教育投资的收益率还表现出相当大的稳定性。比如，美国自20世纪30年代有相关计算以来，其大学教育的个人收益率一直稳定在8%~11%，但我们知道，在同一时期内，美国股票市场却经历了多次的大起大落，很多投资于股票的人都体验过大喜大悲。

我国是个发展中国家，国民的整体教育程度比较低，按理，教育的个人收益率应该比较高。但由于市场体系的不完善，没有形成由市场评价劳动力价值的机制，因此，教育的个人回报一直不充分。不过，伴随着市场经济体制的建立，教育的个人收益率正不断地提高。比如，根据有关学者的估算，1988年我国全国平均的教育收益率为3.8%，1995年上升到了5.8%。十几年前还十分流行的术语"脑体倒挂"已进入历史橱柜，取而代之的是"知识改变一个人的命运"，而且传闻博士、硕士学位拥有者成了税务部门关注的对象。有理由相信，个人投资教育的价值还会得到进一步释放，教育将成热门产业。我想这一点也正为人们所感知，因为最近几年教育市场的膨胀，从一个侧面表明人们已经把教育看成是潜力股了。

正因为投资于人有如此重要性，因此，很多重要的经济学家，比如亚当·斯密、阿尔弗雷德·马歇尔等，都曾对教育等人力资本投资着墨不少，对人力资本理论做出过重要贡献的经济学家西奥多·舒尔茨、加里·贝克尔还获得了诺贝尔经济学奖。如果《管子·权修》的作者知道这一结果，他一定会笑得很开心，因为人力资本理论的精髓他在2000多年前就已掌握并提出来了。

《人民日报》，2003年6月30日

好为人师

为师既久,就不免生出对教师本身的一些理解来。其实,作为一种职业,教师已经被说得很多了,韩愈的《师说》是被说得最多的经典,这正如一谈起大学,不可不说梅贻琦的"所谓大学者,非大楼之谓也,大师之谓也"一样,谈教师不能不谈韩愈的"师者,传道授业解惑者也"。启功先生为北京师范大学题的校训"学为人师,行为世范",也是关于教师的很有影响力的名言。此外,孟子的"人之患在好为人师"也是流传甚广的关于教师的文字,鲁迅当年就曾以"人之患"来代替"教师"这个名词。

其实,"好为人师"四个字包含的东西很多,从它们的组合中可以解读出教师地位的历史变迁以及当好教师的诸多条件。

首先是好为人师。2004年11月有幸听了许嘉璐先生的一次讲座,是关于《左传》的。他说理解古文必须恢复当时的语境,否则,可能会曲解古人。对孟子的文字也应如是观，只是限于才学，我无法做到，因此孟子为什么把好为人师看成是人之患我不得而知，但自他以后，如何避免给人好为人师的印象，就成为一个民族的心理情结。在元代，教师被列为娼后丐前，位居第九等，对此，谢枋得在其《叠山集》中有明确记述："大元制典，人有十等，一官，二吏……八娼，九儒，十丐；介乎娼之下，丐之上者，今之儒也。"1949年后有一段时期，知识分子一直被作为团结、教育、改造的对象。"文革"中更是被打入另类，排在当时被列为专政对象的八类人（地主、富农、反革命、坏分子、右派分子、叛徒、特务和走资派）后面，名列第九，故有"臭老九"一说。再加上在相当长一段时间，教师的物质待遇比较低，工作也比较辛苦，因此，很多年轻人是不愿当老师的，即使已经是老师，也要想尽办法转到其他行业去。在县这个层面，教师转行的审批权往往集中在县长手里，可见，这是多大一件事。正因为人们不太愿意当老师，老师的供给自然短缺，为保证有充足的高质量的教师队伍，国家专门设立师范院校，对读师范的学生给予补助。同时，全民树立尊师重教的风气，设立教师节，给"人类灵魂的工程师"物质和精神的足够重视。即使如此，很多人仍然不认为教师是个理想的职业，有些师范毕业生想尽各种办法不去当老师，哪怕要交补偿金。这种不好为人师，不愿为人师的局面，维持了相当长的时间。我是1991年留校当老师的。当我把为人师的消息告诉家人时，我那当了一辈子农村中小学老师的父亲连说好，并说天底下最稳定的职业就是老师和理发师。我父亲已经去世，不知他说好是真心的还是违心的，即使是违心的，在当时的环境下，也是可以理解的。

其次是为人师好。不知从什么时候开始，"忽如一夜春风来"，教师的经济地位变得高了。大学教师且不说，因为现在每一个大学经济学院院长都会收到至少几百份求职简历，其中不少是"海归"，而且据报道，大学教师已经成为税务部门重点关注的对象。就是长期被认为是弱势群体的中小学教师，也是今非昔比。在农村，他们的收入也许不算很高，但旱涝保收，地方师范大学或学院的毕业生能到中小学谋一教席是个理想的选择。在城市，中小学一个教师岗位往往有很多应聘者，其中还包括重点大学的毕业生和研究生。特别是从2001年开始的新一轮义务教育课程改革，为中小学教师的发展提供了非常宽广的平台，与学生共同成长既是目标，也是一线教师的切身感受。教育经济学以教育收益率来衡量不同人群受教育的教育回报情况，现在我还没有看到专门针对教师的教育收益率计算，如果有，我相信教师会是教育收益率比较高的一个阶层。正因为教师的经济待遇提高了，而同时其他部门职工却有下岗风险，因此在很多地方，不仅教师流失的现象减少了，而且还发生了非教育部门人员不断往教师行业挤的现象。比如，2006年辽宁省丹东市振安区发生了一起颇有影响力的中小学教师"集体离婚"事件：该区同兴镇在短短一周内，共有41名教师提出离婚。其中原因是根据《振安区中小学人员聘用制实施办法》，同兴镇只有70个教师编制。但目前该镇有81名教师，除去符合提前退休条件的2名，仍有9名教师属超编之列。为了解决教师超编，必须有部分被分流。但该办法又规定"离异或丧偶且抚养未成年子女的老师"可以成为照顾对象。于是，为留在教师队伍内，有些教师就采取了离婚这一有效途径。教师为什么超编？据报道是因为从1996年起，大量非专业人士利用各种权力关系和金钱手段成为当地教师。这种现象在教师地位得到改善前是很难想象的。同时，很多大学纷纷成立教育系或教育学院，为在校学生提供教育学和心理学的训练，为学生从事中小学教育增加筹码。从职场反映出来的教师地位的回归，使教师的崇高落到了实处。现在很少有人说为人师不好了，这是社会的进步，民族的大幸。

最后是人师好为？答案是否定的。在中国，教师是个特殊的职业，这种职业的特殊性，既要求教师有较高的学识和专业水准，即所谓的"学高为师"，又要求教师有较高的师德和职业伦理，即所谓的"身正为范"。学高谈何容易？俗话说，"台上十分钟，台下十年功"。我记得我刚留校时，为讲两节课，准备了足足一个星期，而且效果还不敢说好。我也不愿意同一学期给一个班级开两门课，因为老师给学生上课要求有两种知识，即specific knowledge 和 basic knowledge，前者是所谓的专业课程内容，后者是支撑专业课程内容的平台。一个平台要同时支撑两门专业课程是很难的。

与学识相比，师德则是更高的要求。古人说："经师易遇，人师难遭。"相对来说，做到学有专长并把课讲好，即所谓的"经师"还是比较容易的，但要做到德才兼备，既有高深的学识，又有高尚的人格，又红又专，即所谓的"人师"，是非常难的。"师范大学"被翻译成英语为"normal university"，很多人难以理解。其实，"normal"的"规范"之意已经表明对教师的要求，即行为要规范，教师的一言一行要成为社会的模范。这也是韩愈为什么把传道放在授业、解惑前面。

所以，人师不好为，一个让学生和家长满意的人师更不好为。正因为如此，已产生了很多有关如何为师的文章和图书，涉及教师的素质、教师的知识结构、讲课的艺术、教师的仪表、如何备课、如何组织教学等。每一个进入学校当教师的应届毕业生，也都会被要求进行系列培训，接受名师的指点。显然，这是很有必要的。但我认为，更重要的是，要提高教师行业的准入门槛，使真正的优秀人才进入教师队伍中来，同时，要继续改善教师的工作和生活环境，增加对教师的人力资本投资，改变对教师的有明显计件倾向的考核机制，毕竟，教师劳动和教师劳动力市场有其特殊性。

《经济学家茶座》，2007 年第 1 期

中小学教材的城市偏向

《国家中长期教育改革和发展规划纲要（2010~2020年）》（以下简称《纲要》）已经颁布，这是我国教育事业发展中的一件大事。《纲要》对未来十年我国的教育改革和发展进行了谋划和布局，特别是提出了"优先发展，育人为本，改革创新，促进公平，提高质量"的工作方针，将教育公平列入了重要的议事日程。

教育公平是社会公平的基石，我国政府在致力于教育公平方面已采取了很多措施，也取得了很好的成效，但正如罗马不是一天建起来的一样，教育公平目标也不是短时期内能实现的。事实上，教育中还存在诸多不公平现象，比如人们热议的城乡教育差距、优质教育资源分配等。但教育不公平不仅有容易看见、容易感知的显性不公平，也有不容易看见、不容易感知的隐性不公平，比如中小学教材的城市偏向。

教材是法定的知识传承文本，具有科学性和权威性，因此，中小学教材的编写、出版和发行都有着严格的要求。我国从2000年开始进行了第八轮基础教育课程改革，教材从一元走向了多元，编写、出版和发行各环节都引入了竞争因素，这提高了教材的质量，也引起了人们对教材的广泛关注，专业评价和大众评说都达到了前所未有的程度。比如2009年大众关于教材的一个热点话题是人教版语文教材中，鲁迅的作品明显减少，《药》《为了忘却的纪念》等作品不见了，保留下来的只有《拿来主义》、《祝福》和《记念刘和珍君》3篇，而武侠小说作家、流行音乐人等"非主流"文化人的作品则相继入围。选谁的文章作为教材内容，其效果好坏是件难以评判的事情，但教材存在的另外一些问题，比如城市偏向，则其后果好坏是比较容易判断的，也比较容易达成共识。从现行教材来看，其城市偏向至少有三个方面。

一是教材的难易程度会影响城乡的教学效果。由于城乡的师资配备等不同，同样的教材，在城乡的讲授效果可能会有很大差别。我多年前在出版社工作，对此有切身体会。我们出版的一套数学教材，城市教师反映很不错，农村教师却认为太难，应该说各自观点都有道理。但由于中小学教材的选用往往"一刀切"，很难做到城市学校选用难度较大的教材，农村学校选用难度较小的教材（即使能够实行城市版教材和农村版教材，其后果是好是坏也难以预测），因此，目前我国教材选用是不分城乡的。在这种情况下，如果对农村教师的培训跟不上，这无疑会扩大而不是缩小城乡教育质量差距。

二是新课改强调探究式教学,即从过分强调知识的传授和积累向知识的探究过程转化,从学生被动接受知识向主动获取知识转化,从而培养学生的科学探究能力、实事求是的科学态度和敢于创新的探究精神。教育教学方法的改变是教材得以有效展开的前提条件。但探究式教学是需要条件的,农村很多中小学根本没有满足探究式教学的条件,无法开展有关活动。结果,农村背景的学生,创新精神和创新能力往往不如城市背景的学生。比如,北京大学李文利关于大学毕业生认知能力、社会技能的经验研究发现,18岁之前居住在城市的大学生的基本认知能力、拓展认知能力和社会技能显著优于居住在非城市地区的大学生。[①]

三是教材内容城市指向明显。有学者研究过江苏教育出版社出版的小学语文教材插图的情况,发现除个别学期的教材外,其他学期教材城市特征的插图明显多于农村特征的插图。[②] 在1~6年级的12册教材中,明显城市特征的插图137幅,而明显农村特征的插图仅83幅。实际上,对于农村特征的插图,城市的孩子通过有关渠道或多或少是了解的,但对于城市特征的插图,农村孩子则可能很难理解,比如超

[①] 李文利:《高等教育之于学生发展:能力提升还是能力筛选?》,《北京大学教育评论》2010年第1期。
[②] 张勇:《教科书城市偏向的课程社会学思考——以苏教版小学语文教科书为例》,《浙江教育科学》2007年第4期。

市、麦当劳、立交桥等。课本中的练习题也是这样，比如苏教版语文教材第十一册课本练习六"语文与生活"中，有这样一道以《开心辞典》为背景的题目。

让我们一起走进《开心辞典》，也来当一回"王小丫"。"这是一道选择题，请看题板：由于他（ ）成一个商人，日本鬼子没有认出他来。A.化妆；B.化装。请选择！"

"我选B。"

"肯定吗？"

"肯定！"

"还改吗？"

"不改了！"

"恭喜你，答对了！"

照这个样子，回答下面的几个题目。

（1）把白糖放到水里，让它慢慢地（　　）。

　　　　A.融化　　　B.溶化　　　C.熔化

（2）我家（　　）有几棵大榕树。

　　　　A.临近　　　B.邻近

（3）这道名菜，我们要好好（　　）。

　　　　A.品味　　　B.品位

（4）我爸爸的英语棒极了，可以（　　）读英文书刊。

　　　　A.直接　　　B.直捷　　　C.直截

（5）网站的人气很旺，（　）8月底，累计点击已达50万人次。

　　A. 截至　　　B. 截止

教材编写者一定以为全国人民都知道《开心辞典》栏目和主持人王小丫，但实际是，我国幅员如此辽阔，地区之间差异如此大，与城镇地区不同，有些农村偏远地区是很难清晰接收电视信号的，或由于其他原因很少收看这一栏目，他们可能压根儿没听说过《开心辞典》和王小丫，看见这样的题目导引就会感到莫名其妙。

中小学教材的城市偏向，是一种隐性的教育不公平，它会固化甚至扩大城乡教育差距。可见，促进教育公平，目标已经明确，路线图也清晰，但任重道远，仍须不断努力。

《经济学家茶座》，2010年第3期

基础教育均衡发展的逻辑

促进义务教育均衡发展,是我国在新的历史时期教育发展的战略方针,已经写进了国家法律和党的文献中。比如,2006年6月全国人大常委会新修订的《义务教育法》就首次以法律的形式提出"促进教育均衡发展"的思想;2007年10月,党的十七大报告又明确提出"优化教育结构,促进义务教育均衡发展"。均衡原本是个物理学概念,后来被引入经济学分析中,因此,在当下的人文社会科学领域,它更多的是个经济学概念。为什么进入21世纪以来,基础教育的发展要强调均衡?最近读翟博同志的新著《教育均衡论》(人民教育出版社2008年1月版),深感其有内在的必然性和必要性。概括来说,基础教育均衡发展的逻辑有四点。

一是教育的经济价值大为提高。教育的价值是多方面的。作为一种人力资本投资,教育有比较高的经济回报,被誉为伟大的平等者,它的扩展和提高能促进收入分配的公平。由于种种原因,我国教育与收入分配的关系曾一度不甚理想，即存在所谓的"脑体倒挂"，教育的经济价值被抑制了，它对收入分配的作用比较小。但近 30 年的市场化改革，改变了教育价值的评价机制，极大地释放了教育生产力，使教育的经济价值大为提高。这可从教育收益率的变化得到印证。20 世纪 80 年代初期有"倒挂"的嫌疑，1988 年为 3.8%，1995 年为 5.4%，到 2002 年则高达 11%，是一路上升的趋势。正因为教育的经济回报提高了，它对收入分配的影响也随之扩大。根据最新一项对深圳市住户调查的研究，平均受教育年限的差距（在教育差距）可以解释城乡收入差距的近 40%。因此，当我们强调和谐社会的建设，强调收入差距的缩小时，如何均衡教育资源的配置，减少不同地区、不同人群的教育差距，从劳动力市场的起点减少收入的不平等，也就成了一件刻不容缓和具有长远意义的事情。

二是教育公平与效率关系的重塑。公平与效率既统一又矛盾。在经济领域，在改革的早期和中期，是以效率为导向的，流行的表述是"让一部分人先富起来""效率优先，兼顾公平"等。当经济规模增长到一定程度以及不公平问题比较严重，以致危及经济的持续增长时，政府开始强调公平的重要性，从效率与公平关系的"优先""兼顾"论转到了二者"并重"论，党的十七大报告还提出"初次分配和再分配都要处理好效率和公平的关系，再分配更加注重公平"。由于改革的渐进性和教育资源的短缺，教育发展在一定阶段上也遵循了"效率优先，兼顾公平"的原则，其表现是对教育规模和教育发展速度的强调,以及对部分学校投资的倾斜。当义务教育已经普及和高等教育进入大众化阶段,以及教育不公平现象凸现后,政府更加强调了教育公平的重要性,并把教育公平看成是社会公平的重要基础。可见,教育的均衡化发展,是教育发展到一定阶段的必然要求,也是对教育公平与效率关系在新阶段的重新审视与塑造。

三是教育不均衡现象严重。这首先表现在群体间入学机会的不均等上。2003年一项对马鞍山市的调查显示,在该市的初中毕业生中,出身于上层家庭者有近70%进入了该市"最好的高中",而占人口大多数的出身于下层家庭者的相应比例则只有5%。另一项对北京、重庆等十个城市高中教育公平状况的调查也显示:占人口比例不超过10%的党政干部、高中级管理人员和专业技术人员的子女,占去了重点高中42%的名额。至于在人口迁移中涉及的"留守"儿童和"流动"儿童,其教育状况则主要不在于是否有机会进重点学校,而在于是否有机会进学校读书,是否读得起书。其次表现在教育资源分配的不均等上,城乡之间、地区之间、学校之间等在教育资源的占有上差距非常明显,这必然导致教育过程和教育质量的不平等。教育不均衡本身是一种重要的不平等现象,是人们议论得比较多的教育热点和难点,同时,它的持续和固化会导致劳动力市场、收入分配和个人发展的不平等。因此,逆转教育不均衡,促进教育均衡发展,是办好人民满意的教育和建设和谐社会的内在要求。

四是具备教育均衡化发展的能力。教育要均衡化发展，除主观重视外，还得有客观条件，其中重要的一点是必须有足够的财力。最近30年，我国GDP的增长速度年均达到9.7%，经济总量和综合实力大为增强，中央财政能力和转移支付能力大幅提升。在今年"两会"结束后的新闻记者见面会上，温家宝总理强调："我们要推进财政体制改革，使公共财政更好地进行结构调整和促进经济发展方式的转变，更好地改善民生和改善生态环境。"这意味着，政府将加大财政体制改革的力度，加大公共财政的支出，改善包括教育在内的民生，从而为教育的均衡化发展奠定坚实的物质基础。

立足于上述逻辑，《教育均衡论》对于教育均衡发展的理论与实践进行了系统的论述。其创新在于：（1）建立了一个分析教育均衡发展的理论框架。对均衡、教育均衡、教育发展、教育公平等概念给出了经济学意义上的解释，从经济发展、社会发展、教育发展的视角和从建设社会主义和谐社会的战略高度，研究基础教育均衡发展，并把教育的均衡发展作为推进经济均衡发展和社会均衡发展的重要条件。由此，经济逻辑和教育逻辑得到了很好的兼顾和统一。（2）构建了衡量教育均衡发展的指标体系和指数。教育发展要均衡是一种理念，这已经深入人们心中。但具体到现实工作中，比如教育资源的优化配置及其评价，还得靠指标和数字说话。为此，作者做出了积极而富有成效的探索，从宏观、中观、微观三个层次入手提出教育均衡包括四个方面，即教育机会均等、教育资源配置均衡、教育质量均衡和教育结果均衡，并进一步将其分解为若干个要素。在此基础上，编制出了衡量教育发展均衡程度的指数。用各地区的有关数据进行测算，就可以得到我国教育发展均衡程度的清晰图谱。这是本书最大的特色和亮点，反映出作者对教育经济理论有很好的把握和对教育实践有很好的了解。（3）总结了各地教育均衡发展的模式。我国地区差异明显，教育的均衡发展一定是先局部均衡再到整体均衡。进入21世纪以来，各地在教育均衡化发展的道路上已经做出了探索，对此，《教育均衡论》采用案例研究的方法，总结提炼出了各有侧重和各具特色的六种模式，即强化政府"三个保障"的"深圳模式"、实行名校集团化办学的"杭州模式"、实行优质教育资源共享的"寿光模式"、优化教育结构的"铜陵模式"、实行城乡一体化发展的"成都模式"和推动区域教育均衡的"沈阳模式"。这些模式有地域性，但又确实蕴含着值得全国推广的因子。（4）提出了促进教育均衡发展的政策选择。教育的均衡发展是个复杂的问题，有系统性，因此，政策选择讲究组合性而非唯一性。但在诸多可供选择的政策篮子中，总有关键非关键之分，有轻重缓急之分。作者把制度创新和体制改革放在首要的地位，我认为这抓住了关键点。中国教育的非均衡发展明显，有发展问题，但更有改革问题，如果体制不顺，制度有缺陷，教育发展的效率就会大打折扣，而且这种发展将会是片面的，与共享型发展和均衡发展的目标不一致。

总之，该书有理论，有实证，有案例，有对策，有历史梳理，有国际比较。就我目力所及，它是该领域迄今为止最为全面系统的一部著作，颇多突破和新意，有很强的现实意义。正如教育部党组副书记、副部长袁贵仁同志在该书"序言"中所说："这些理论研究、实证分析和对策建议，对于我国当前推进教育特别是义务教育的均衡发展都是具有重要参考价值的。"因此，值得教育界重视。

《中国教育报》，2008年5月19日

第三篇　　**经济学家悟人文：善有善报**

善有善报

根据语言文字学家的解释,"善"为"膳"的本字。古人以羊为膳食的美味,所以金文的"善"字从羊从二言,表示众口夸赞的意思。"善"字由膳食之美引申为美好之义,故后世另造"膳"字来代替它的本义。因为羊的性情温和驯顺,所以"善"又有善良、慈善的意思。

"善"历来备受推崇。比如《国语·晋语》说:"善,德之建也。"《左传·襄公·襄公三十年》说:"善人国之主也。"《论语·述而》说:"择其善者而从之,其不善者而改之。"《孟子·尽心上》:"舜之居深山之中,与木石居,与鹿豕游,其所以异于深山之野人者几希;及其闻一善言,见一善行,若决江河,沛然莫之能御也。"可见,善是多么重要。亚当·斯密在《国富论》中提出并论证了自利假说,认为自私自利是人的本性,但他在先前出版的《道德情操论》中又认为,人还有另外一种本性,那就是人在追求自己利益最大化的同时,要受道德的约束,不要去伤害别人,而是要有同情心,要帮助别人。他说,"在人的天性中总是有一些根深蒂固的东西。无论一个人在我们眼中是如何自私,他总是会对别人的命运感兴趣,会去关心别人的幸福;虽然他什么也得不到,只是为别人感到高兴","那些为了努力行善而做出很大牺牲的人显然应该得到最丰厚的回报"。

从经济学的角度来看,善有两个特点。一是稀缺性。"善"包含善心、善行、善举、善人等,如果善是充分供应的,则社会运行的交易成本会很低。试想,如果人们的言行多考虑点别人的利益和感受,与人为善,己所不欲,勿施于人,乐善好施,那社会的和谐程度就会高得多。但当今社会,非善即通常所说的属于"恶"的现象却很多,偷盗、造假、欺骗、讹诈等现象多见诸媒体,甚至发生在每一个人身边。这说明善在当下更是一种稀缺资源。二是外部性,即一个人行善,既使自己受益,更使别人受益,如果其他人不能从行善者的言行受益,那该言行就很难说是善。这意味着,善的供给会小于需求,从而加重其稀缺性。为此,如何增加善的供给,缓解其稀缺性,就成为需要认真思考和设计的问题。

"善有善报",简单来说,就是做好事有好的回报。按照佛教的观点,人类所有善恶的行为,都将形成业力,待因缘成熟时,会产生相应的果报。能为此世、他世带来收益,就叫作善。其实,从社会的角度看,善有善报也是增加善的供应的有效途径。但回报是个很复杂的事情,它有大有小,有物质回报和非物质回报，有短期回报和长期回报，有个人回报和社会回报。善有明显的社会回报，即能减少交易成本，促进社会和谐，但个人回报如何则是个很难确定的问题。

对善的个人回报，现在比较统一的一个结论是，善者多长寿。唐代医家孙思邈在他的《千金要方》里说："德行不充，纵服玉液金丹未能延寿……道德日全，不祈善而有福，不求寿而自延，此养生之大旨也。"明代医家张景岳说："欲寿，唯其乐；欲乐，莫过于善。"这些医家为长寿所开的药方，得到了现代研究的证明。耶鲁大学和加州大学的研究人员为研究"社会关系如何影响人的死亡率"这一问题，在加利福尼亚州阿拉米达县随机抽取了7000名居民，并对他们进行了为期9年的跟踪调查。结果显示，乐于助人者易于与他人融洽相处，预期寿命显著延长。相反，心怀恶意、损人利己的人，在相同的年龄段中，死亡率要比正常人高出1.5倍。之所以善者多长寿，从心理学角度来看，行善者情操高尚，可以获得人们对他的友爱、尊重和感激之情，他能从中获得内心的满足，心比较宽慰，这又会缓解他在日常生活中常有的焦急，从而提高其人体免疫力。

善的个人经济回报如何？为便于分析，我倾向于把"善"看成人力资本。根据人力资本理论，人力资本是一种准公共产品，既能给个人带来回报，也会给社会带来回报，而且回报率都很高。这样个人有动力投资人力资本，政府也有动力投资人力资本。正是政府和个人的共同努力，人力资本的积累不断增加，并推动了创新与经济增长。善是一种特殊的人力资本，对于善这种人力资本，由于其很强的外部性，政府的投资动力一直很足，形式多、力度大，但个人的投资动力则因人而异，在某种意义上，在当今社会，个人投资于善的动力是不足的。因为在转型经济中，市场竞争的规则还不是很健全，对一个人成就地位的评价过分看重显性指标和短期效果，一个人如果过分善良，则意味着他控制资源和获得成功的机会减少，在与别人的竞争中处于不利地位，因此善的回报就会很低甚至没有回报。特别是由于种种原因，行善还可能导致负的回报。比如多年前那个很有名的"彭宇案"，就涉及善行的负回报问题。这个案例也许比较极端，不具代表性，但一旦传播开来，就会有很大的影响，对善的供给就会带来很强的负激励。

善是一种美德，为社会有效运转所需要，有助于经济增长，也有经济价值。善的增加有赖于个体包括个人、家庭、企业等的努力，而个体的努力又有赖于一个社会的制度安排。雷·菲斯曼（Ray Fisman）和特德·米格尔（Ted Miguel）研究了驻纽约外交官们的行为。斯堪的纳维亚国家外交官未付的违章停车罚单共有12张，乍得和孟加拉国外交官未付的违章停车罚单却超过2500张。但当纽约市政府被赋予更大权力来惩处违章者时，所有外交官都检点了自己的行为。这说明善既与个人的教育、修养、经济状况等相关，更与社会环境相关。当前我国正在致力于建设和谐社会，善是必不可少的润滑剂。但善的个人回报得不到普遍的保证，这抑制了善的供给。这是个问题。对于善言、善行、善举等，既要有精神鼓励，也要有一定的物质激励；既要依赖家庭的教育和个人的努力，也要有制度的保障和约束。若此，善言、善行、善举等才能有效增加，慈善事业才能不断发展，善的供给才能趋近社会对善的需求。如果一个人从善仅是一种社会的需要，而与他个人的利益不相干，甚至带来负的利益，则这个社会纵使有财富的极大涌现，也很可能会问题丛生。

最近听一个朋友讲，他多年前给父母买了套房子，现在价格涨了很多，很高兴。他说这是对孝心的奖赏，是对孝心的回报。这更证明，只有个人和社会共同努力，善的供给才能有长期增加的坚实基础。

《经济学家茶座》，2011年第1期

人挪活？

都说"树挪死，人挪活"，树为什么挪死，经济学无法解释，但人为什么挪活，却有深刻的经济学依据。

1962 年 Larry Sjastaad 在《政治经济学杂志》上发表了题为"人类迁移的成本与收益"的文章，第一次系统地探讨了迁移的经济价值，而后相关文献不断增多。尽管各自的研究角度不同，选取的样本也不一样，但结论却似乎非常一致，即劳动力的流动，能带来正的经济回报。比如 1986 年 Jacob Mincer 在一篇文章中讨论了从一种工作向另一种工作流动所引起的工资变化状况，他把工资变化分为短期工资变化和长期工资变化，所谓短期工资变化是指在新工作岗位上的起点与原工作岗位上一年以前所观察到的工资之间的差额，长期工资变化则指两种工作岗位在同一任期水平上的工资差别。他的研究表明，除了较年老的工人中的被解雇者外，无论短期还是长期，流动者的工资收益都是正的。吴克明、田永坡研究了劳动力流动与教育收益率的关系，发现劳动力流动使教育收益率提高了 0.0162，占 2005 年北京市、郑州市、杭州市、温州市、武汉市五个城市平均教育收益率的 23%。[1]

劳动力流动包括单位内的流动和单位之间的流动，单位之间的流动又包括同一地方不同单位之间的流动和不同地方之间的单位流动，但不管属于哪种，流动都属于劳动力资源的再配置，它会带来至少两种效应。一是使劳动力资源得到优化配置，使劳动力与工作岗位得到更好的匹配。这是因为劳动力市场的信息是不充分的，一个人所选择的单位往往并不是最合适的，如果没有流动的机会，不能适时流动起来，他就可能学非所用，或不能尽其才。这样的例子很多，特别是在工作靠分配、流动很困难的年代，常有人感到不得志，有力使不出，处于一种磨洋工状态，于己于单位都不利。流动意味着有更多的选择，此处不适合，自有适合处，更好的匹配会带来更高的生产力，自然有更高的收入。二是使人力资本得到提升。人力资本是决定收入的重要因素，它既可通过正规教育和培训获得，也可通过工作获得，即所谓的"干中学"。在一个单位或岗位工作久了，会形成跟这个单位或岗位相关的专用性人力资本，它会带来一定的经济回报。但工作久了也有其不足，主要是阅历会受到局限，而阅历也是

---

[1] 吴克明、田永坡：《劳动力流动与教育收益率：理论与实证》，《华中师范大学学报》(人文社会科学版)2008 年第 6 期。

人力资本积累的重要来源，不同阅历所带来的人力资本还可能会相互激发和放大。这也是为什么2002年通过的《党政领导干部选拔任用工作条例》中会明确规定，提任县（处）级以上领导职务的，一般应当具有在下一级两个以上职位任职的经历。

从劳动力市场的角度来看，我国在改革开放前是比较僵化的，劳动力的流动性很小。后来，导致劳动力市场分割的要素不断被打破，人们的工作选择半径大为扩展，这不仅给个人带来了收入和福利不断提升的机会，也极大地促进了经济增长和社会进步。世界银行1997年有报告显示，1985~1994年国有部门劳动力的重新配置大致使国内生产总值增长了0.15个百分点，而同一时期劳动力从农业转移出来使国内生产总值增长了1个百分点，这还不包括其对产业结构调整效益的贡献。当前我国从农村转移出来的劳动力约1.5亿，它对个人和家庭的收入提升效应以及对国家的经济增长效应要比以前大得多。

但仍有诸多限制"人挪"的因素，主要是劳动力流动与人口迁移没有同步，或者说作为一种生产要素的劳动力，流动性已经比较强了，但作为居民，流动的制度门槛仍然很高。大量到城镇工作的农村劳动力，即使工作时间很长，他们仍不能获得工作所在地的市民身份，享受不到工作地的有关市民待遇，结果必须不断在城乡之间来回流动。比如，虽然在中央政府和地方政府的努力下，农民工随迁子女接受义务教育的问题已基本解决，但农民工随迁子女的高考问题仍悬而未决。很多农民工（其实还有一些流动的城市户籍人口）都把子女接到身边接受教育包括高中教育，但按照现在政策的规定，小孩必须回户籍所在地进行高考，因为高考指标是根据户籍学生来分配的。如此做法，问题很多，一是自2004年实行高中课程改革以来，各省（区、市）所选用的教材并不相同，虽然高考出题以课程标准为依归，但各省（区、市）高考实行自主单独命题，难免会参考所选用的教材和教参。这意味着，若农民工是跨省流动，随迁小孩回户籍所在地高考，就有个很大的课程衔接和适应问题，这对孩子是很不公平的。二是随迁小孩回原籍参加高考，要提前1~2年回去，而且，在一般情况下，父母也得随之回去，这意味着农民工外出过程的中断，代价很大。

可见，最近几十年的改革开放促进了"人挪活"的进程，但仍有诸多因素使"人挪活"的程度大打折扣，"活"得还不到位。

《经济学家茶座》，2010年第4期

男怕入错行？

行，职业是也。俗话说，"三百六十行，行行出状元"，意思是每一行都能干出名堂。这话有道理，因为古今中外，事业有成者分布于各个行业和职业。但客观地说，各个行业的市场规模、资源条件、体制机制等是不同的，自然地，不同行业的生产力就不一样，英国经济学家约翰·奈特就曾构建过不同行业的生产函数。规模和生产力不一样，其重要性也就不一样，这也是为什么各个国家在不同时期会把不同产业列为重点和支柱产业。地位不一样，机会就不一样，不同行业的工作环境和所得就会有差异。因此，俗话又说，"男怕入错行"，同一个人，在不同的行业工作，可能会有非常不同的回报。当然，"男怕入错行"，还有另外两层意思。一是行业作为一种客观存在，对不同人的意义是不一样的，也就是说，这里面有个人与工作岗位的匹配问题，对张三是好的行业，对李四则不一定，因为不同人的禀赋和偏好不一样。二是流动性问题，若流动成本低，进入某一行后发现不满意，可以立即撤出，但若流动性差，就非常可能会"锁定"在那里，因此行业的选择变得很重要。

"男怕入错行"现在仍有现实基础，专业选择、就业选择仍是摆在青年人面前的一道难题。不过，从发展趋势来看，行业对人们的约束越来越小了，男不用怕入错行了，至少怕的程度要比以前小很多。原因有三个。

一是教育的普及使人的工作转换能力不断提高。前面讲过，行业是一种客观存在，一个人能否胜任某一行业以及能胜任几个行业的工作，在很大程度上取决于他的能力，包括学习能力、适应能力、变通能力等。能力强、素质高的人，不仅能在某一行业取得令人尊敬的成绩，往往还能适应不同行业的工作。因此，能力成为决定一个人是否怕入错行的重要因素。诺贝尔经济学奖得主舒尔茨曾写过一篇文章，题目叫《处理不均衡状态能力的价值》，以前没有引起国内经济学界的重视，但现在有很多文献引用。他说一个社会将不断地从不均衡复归到均衡，在这个过程中，有一种能力叫"配置能力"（allocative ability）很重要，它能帮助其拥有者更好地配置自己的时间、资金等资源，因而是有价值和回报的。这种能力的获得主要通过教育这一途径，也就是说，教育和培训能提高人们的行业工作胜任能力以及跨行业工作的能力。

在教育普及之前，除与生俱来的能力外，其他能力主要通过父母和师父的言传身教以及自身阅历获得。那时候的大多数人，对自然和社会的了解是很有限的，但这不排除有人对某一行业有专深的把握，每一行业也都有自己的巨匠和大师，像解牛行的庖丁、彩塑艺术行的张明山（泥人张）等。不过，大多数人由于没有接受过最基本的语文、数学、物理、化学、地理等教育，只是在某一领域跟父母和师父学过一些非常专业的知识，只是工匠而已，比如木匠、泥瓦匠、铁匠等。一旦所在行业工作不理想，再到其他行业工作是不太可能的，或者说机会成本很高。因此，男怕入错行，在某种意义上，是对受教育程度低的人说的。我们甚至可以说，受教育程度越低的人越怕入错行。

现在我国已普及了九年义务教育，有的地方甚至已普及了高中层次的教育，而且伴随着教育的普及，课程体系、教学内容和方法也发生了明显变化，从应试教育转向了素质教育，学生的自学能力和适应能力得到了明显提高。特别是，现在很多大学，本科前几年都不分专业了，只是最后一两年根据自己的兴趣和就业前景而选择几个专业模块，毕业时按照学分结构授予相关学位。在这种情况下，即使由于信息不对称等原因，一个人也许会入错行，即初进去的行业和单位不适合自己或自己不感兴趣、不满意，但由于具备基本的知识系统，他转向其他行业的能力也大为提高。在工作生活中，我们经常会碰到所学专业和所从事行业不一致的人，也会遇到这样的情形，即一段时间不见，老同学和老朋友已经换单位和行业了。这是教育提升的结果，也是社会进步的表现。

二是技术进步使新的职业和岗位不断产生。现在经济学家讨论技术进步对于就业的影响，主要是关于技术进步在总量上会扩大就业还是会减少就业。其实，技术因素对就业门类和就业领域选择的影响也是显著的。技术进步给我们带来了巨大便利，也使一些行业退出历史舞台，更使大量行业不断涌现，扩大了人们就业的选择空间。

技术进步使某些职业消失的例子，以林行止先生对中世纪巴黎流动厕所的记述最为有趣。他转述台湾民俗学家庄伯和的《厕所曼陀罗》（二鱼文化，2002）有关内容时说，"巴黎街头有这样的景象……好像今天的流动厕所，但主体是个活生生的人……他披挂大大的斗篷，身旁左右各放一桶……"任何人有三急时趋前，"他马上张开斗篷围住客人，让客人可以好好隐秘地方便，小便用右边的桶，大便用左边的桶"。又说，"1730年路易十五世时代，有人独创折式厕所，他手持锡制马桶及足够把正在方便的客人包住的大布，巡行街头"。用家每次付二苏（SOU，最低单位的钱币，大概和便士及仙差不多），容器满时"厕主"便将之倾倒入塞纳河！这种斗篷式厕所当然已不存在，它早已被先进、漂亮、干净的公共厕所取代。据此，林先生认为，抽水马桶是与人类物质生活关系最密切的发明，它令人类"终于进入文明世界"。[①]

---

① 林行止：《说来话儿长》，上海书店出版社，2006。

与消失的行业和职业相比,新涌现的行业和职业更是多得数不胜数。《中华人民共和国职业分类大典》把我国职业划分为由大到小、由粗到细的四个层次:大类(8个),中类(66个),小类(413个),细类(1838个)。细类为最小类别,亦即职业。而且,每年都会增加新的职业目录。比如,今年年初,劳动保障部就发布了会展设计师、珠宝首饰评估师、创业咨询师、手语翻译员、孤残儿童护理员、灾害信息员、合成材料测试员、室内装饰装修质量检验员、城轨接触网检修工等10个新职业。这些职业也许并不为大家所熟悉,但既已列入国家职业大典的目录,就说明它们已相对成熟。其实,还有大量的工作现在也许并没有官定名称,却是客观存在的,并吸引了相当多的从业者。我没看到相关统计,但可以肯定的是,仅20世纪40年代才诞生的信息技术一项,就不知衍生出了多少职业岗位,并使传统行业和职业的工作性质发生了根本变化。

三是流动成本的降低使劳动力的流动性大为增强。工作转换的直接成本主要包括两个方面,一是信息收集和处理成本,二是制度成本。若这两项成本都很高,那初始的行业和职业选择就非常关键。多年前看过一本马克·布劳格等人写印度大学毕业生失业的书,说印度20世纪五六十年代大学毕业生失业率高的一个重要原因是印度的劳动力市场有问题,种姓制度以及正规部门和非正规部门之间的差异,使大学毕业生对初始工作的要求比较高,因为他们知道,一旦去了某个职业或部门工作，一辈子就可能"锁定"在那里了。

随着技术进步和体制改革，这两种成本都大为降低了。先来看信息收集和处理成本。今年暑假陪孩子去参观上海科技馆，小孩看得高兴，玩得尽兴，不愿意离开，我也多有收获。在信息时代厅，图片和实物形象地展示着，通信的手段先后经过了烽火台、信件邮寄、电话、信息网络等阶段。我们可以想见，在前信息网络时代，工作信息的获得是既耗时又费资的。但在今天，工作信息之丰富可用海量来形容。即使你选择了一份工作，但这一点儿也不妨碍你边工作边搜寻其他工作的信息。根据有关材料，早在2000年，美国失业者中就有1/4定期通过因特网寻找工作，而另有1/10的美国在职者定期通过因特网寻找其他的工作。通过网络找工作的趋势在我国也很明显。据中国互联网络信息中心（CNNIC）近日发布的《第20次中国互联网络发展状况统计报告》，截至2007年6月30日，我国内地网民人数达到1.62亿，其中有15%的网民通过网络找工作。因此，在某种程度上，信息成本对于工作转换来说几乎可以忽略不计了。

相比较而言，制度成本的降低是个更慢的过程。我们仍可以感觉到户口、社会保障、单位福利等给予劳动力流动所带来的障碍，在正规部门和非正规部门之间有难以逾越的鸿沟，行业工作转换甚至单位变动都会遇到种种难以想象的困难。比如，我指导的博士研究生中有好几位由于是在职读的，毕业时想留在北京，而且北京也有单位接受，最后都因为户口原因而未果，只得走上博士后之路。但我们也得承认，最近30年是劳动力流动制度障碍不断被打破的效果最明显的时期，制度成本呈不断走低的态势，劳动力流动无论在规模上还是在深度上都是前所未有的。这一点只要看看有关城市常住人口中外地人所占比例就可以知道：深圳78%、东莞76%、上海24%、北京24%。

当然，由前述变化所导致的"不要太怕入错行"，并不意味着行的选择不重要。事实上，对绝大多数人来讲，起始职业的选择会影响到终生事业的发展，因为在职业生涯发展中有个"路径依赖"问题，在工作中所形成的特殊人力资本会给所有者带来特殊的回报。职业选择不慎，职业变化次数太多，会中断行业导向的特殊人力资本的积累，这在经济上是不合算的。

《经济学家茶座》，2007年第6期

少壮不努力，老大何以徒伤悲

"少壮不努力，老大徒伤悲"，语出汉乐府《长歌行》："青青园中葵，朝露待日晞。阳春布德泽，万物生光辉。常恐秋节至，焜黄华叶衰。百川东到海，何时复西归？少壮不努力，老大徒伤悲。"意思是，年轻力壮的时候不发奋图强，到了老年，悲伤也没有用。这是关于时间价值的经典文字，人们常用它来劝说年轻人要珍惜青春，好好读书，好好做事。但遗憾的是，对这两句话的深刻含义，年少时往往并不能深刻理解，也听不进去，一般都是在有了足够的阅历、足够的教训后，才有切肤之感。

其实，少年若不努力，老大确实会徒伤悲，因为这是有科学根据的，而非仅仅是人生经历的启示。我们可以用两条曲线来说明。

一是年龄学习曲线（learning curve）。学习是个复杂的过程，但学习能力并非终生不变，一般会遵循先提高后下降的过程，小时候学习能力很强，随着年纪的增加，学习能力会下降，年龄学习曲线的变化呈倒 U 形。这其中至少有两个原因。一是自然的、生理的原因。学习能力与记忆能力密切相关，可以说，记忆能力是学习能力的基础，没有记忆能力，学习能力无从谈起。有研究表明，记忆能力会随年龄的增加而减退，这是不以人的意志为转移的自然规律。弗吉尼亚大学有关研究人员花了 7 年时间研究了 2000 名 18~60 岁的男性和女性，发现记忆力开始减退的平均年龄为 37 岁。这意味着一个人 37 岁前后学习的效果会有很大不同，早学效果好，晚学效果差。二是社会的、心理的原因。一个人成年后是要走向社会的，既要学习，又要工作；既要注重个人的发展，又要承担社会责任，学习的机会成本大为提高。与小时候相比，年长阶段的大脑这一容器要装载的东西会多得多，一心必定会多用。两耳常闻窗外事，难以只读圣贤书。在这种心境下，学习的效果，或说人力资本投资的质量，必然会受到影响。

因此，读书要趁早，学习要趁早，很多成就卓著者对此都很认同。在 2009 年第 14 个世界读书日来临之际，《人民日报》记者采访了文坛"常青树"王蒙先生。当被问到在写书、译书过程中有什么心得可以跟大家分享时，王先生说，读书要趁早。越是年轻时，读书印象越深。比如他有时候还写旧诗，大致合乎规则，还是靠小时候背诵《唐诗三百首》等书的"老底"。王先生说的是早读书带来的好处，我想更多的人可能会感叹说，若早读书，早多读书，早多读经典图书，就不至于今天如此这般了。

二是年龄收入曲线（income curve）。除非特殊时期，比如工资基本冻结的 1958~1978 年，一般来说，随着年龄的增长，收入会不断递增，直到一定年龄后，收入才开始下降，即年龄收入曲线的变化也呈倒 U 形。但不同受教育程度者的年龄收入曲线变化幅度不同，受教育程度低者，收入随年龄增加而上升的幅度较小，受教育程度高者，收入随年龄增加而上升的幅度较大，而且收入能力下降的时间也较晚。但不管属于何种情况，读书学习作为一种人力资本投资，既会给当事人及其家庭带来当期的回报，也会带来远期和长期的回报，即所谓的"百年树人"。在劳动力市场（至少在正规劳动力市场）上一般有退休的强制性规定，而且大致是学历程度越高，退休年龄越大；学历程度越低，退休年龄越小。若按同一年龄退休，不同年龄读书学习所形成的人力资本、发挥作用的时间会很不同。以 60 岁为退休年龄来计算，一个人在十几岁时所形成的人力资本与在四十几岁时所形成的人力资本，回报期会相差二三十年。而且，读书学习这种行为还存在自增强机制，即身上有较多人力资本的人倾向于更多地、更高密度地进行人力资本投资，因此，两个读书学习努力程度不同的人，一开始人力资本差距也许不是很大，但这种差距会随年岁增长而不断放大，从而导致收入差距越来越大。这也从另外一个角度说明，读书早，回报好。当然，读书学习是个无止境的事情，never too old to learn，政府也正在提倡终身学习，老有所学、老有所为的大有人在。但作为一个个体，其人力资本投资的回报还是遵循年龄教育收入曲线变化的，年少时不努力学习，等到老大了，才开始重视人力资本投资，即使形成了足够的数量和质量，其回报期毕竟有限，从经济的角度来看，仍是会有点伤悲的。

"少壮不努力"之"努力"，不仅指读书学习，还指工作做事。但二者道理大致相同，故不影响前述少壮与老大之间的关系。

《经济学家茶座》，2009 年第 4 期

替代与不可替代

很多年轻人，包括我自己，刚工作时总抱怨得不到领导重视，单位亏待了自己。后一朋友给我指点说，单位的资源有限，你现在什么都不是，凭什么要向你倾斜？后来一想，觉得这一简单的话包含着深刻的道理。

资源的稀缺性是经济学得以存在和发展的基础。对任何一个组织来说，资源都是稀缺的，一个成员能占有其中的多大份额，取决于他在这个组织里的重要性，即其替代性的大小。如果一个人可以很容易被替代，则他是不太可能得到上级的重视的，换句话说，如果一个人想要得到比别人更多的资源，则他必须比别人更具有不可替代性。

如何获得不可替代性？在不同的时代，途径是不一样的。在社会早期，人们崇尚自然的力量，因此，年纪大、胡子长者往往处于核心位置，因为在环境恶劣的情况下，一个人能活下来且长寿，除了说明他有丰富的阅历外，至少还说明他具有某种耐力和毅力，这本身就是资本。在农业社会，血缘和地缘关系逐渐变得重要起来。父母亲在儿女心目中的地位是崇高的,因为对儿女来说,父母亲最具不可替代性。因此,血缘关系的重要性在某种意义上获得了跨越时空的存在。在"鸡犬之声相闻,老死不相往来"的时代,地缘关系像一张无形的网,发挥着重要的作用,但随着流动性的增加和市场经济的实行,地缘的重要性逐渐下降,"老乡"这一称谓虽仍亲切上口,但在大多数情况下,它已很难转化成生产力了。进入工业社会后,学缘在不可替代性的获取过程中地位日益凸显,对很多人来说,上学读书的重要收获之一是认识了很多同学,从而扩大了自己的人力资源空间。记得前段时间中央电视台的《对话》栏目做了一期有关 MBA 的节目,一位年轻有为的老总就明确地表示,他之所以每个星期坐飞机来回读 MBA,主要的目的之一是结交很多同学朋友,他们的工作、关系、经验、教训对他的事业很有帮助。他的话表明,学缘关系在今天的某些时候、某些行当或某些领域仍是一种重要的资源。

当今时代的特征是,市场成为配置资源的基础性手段,知识变得越来越重要,全球化趋势日益明显,法律法规在调节各种社会关系中起着主要作用。在这样一个时代背景下,一个人通过什么途径获得不可替代性?首先应该肯定,前述血缘、地缘、学缘等仍将发挥作用,甚至先天因素对某些人来说也是不可或缺的,比如好嗓子对某些歌星、好身材对某些模特等。但总的来说,在今天,不可替代性的获取途径主要还得靠人力资本投资。即一个人要在激烈的市场竞争中占得先机，必须具有个人核心竞争力，而个人核心竞争力的培植，人力资本投资是前提。一个人如果不接受足够的教育，仅靠天生条件，仅靠血缘、地缘、学缘等，是难以在事业的道路上走得很远的。而且，教育和培训等人力资本投资也会放大人与人之间天生的差异。因此，以前的经济学假设劳动力是均质的，劳动力之间是可以互相替代的，但自从人类资本理论创立以来，劳动力已经被经济学假设为异质的了，而且是单向异质，即复杂劳动力可替代简单劳动力，但简单劳动力替代不了复杂劳动力。这也是为什么在劳动力市场的分割中，教育性分割会成为其中一种的重要原因。

与传统的途径相比，教育等人力资本投资还有一个优势，就是它能使一个人的不可替代性具有更大的适应范围并动态化。血缘、地缘、学缘等只能在有限的范围内有效，一旦相关的人不在范围之内，它们就会很快退出竞争舞台。人力资本不同，它的作用能跨行业、地区甚至国界，一个人在中国接受高等教育，在美国的公司中也往往能占得一席之地。此外，由人力资本投资所获取的个人核心竞争力还能与时俱进，因为知识具有变通性和叠加性。一个典型的例子是，在信息技术普及之前，计算机对绝大多数人来说都是新生事物，因此，在计算机普及的过程中，谁能最先掌握这些技术，谁就能处于相对有利的地位。显然，在人与技术的赛跑中，人力资本含量较高的人是处于有利位置的。所以，当经济不景气时，首先遭到解雇的是那些可替代性大的人，是那些处于劳动力市场外围的人。

对于个人而言，拥有某种不可替代性是非常重要的。但对于一个组织来说，如果其成员相互间是不可替代的，你能想象其老板会是一种什么样的心情，你也能想象这个组织是否能够有效运转。显然，从组织（小到一个企业，大到一个国家）领导的角度来看，他希望其成员之间是可相互替代的，这样他才能自由而有效地配置其人力资源。因此，个人与组织在替代性与不可替代性的选择上，会有完全不同的偏好。

对于一个组织来说，如何才能降低成员的不可替代性或者说提高成员的可替代性？依我个人的看法，最有效的办法也是人力资本投资。从整个社会来看，教育是促进成员流动性的最有效手段。根据劳动和社会保障部信息中心提供的数字，农村外出劳动力中，文盲半文盲程度者仅占2.68%，小学文化程度者占26.42%，初中以上文化程度者则占了69.98%。对一个单位来说，如果员工普遍具有较高的素质，他们在各岗位之间的分布就比较能富有弹性，当某个人想提出不合理要求时，老板能用其他人来替代。这种竞争性的存在方便了管理，也使企业更有效率。眼下世界杯足球赛正酣，通过对各国家队的队员构成情况进行观察，我们可以发现，凡是主力和替补能力泾渭分明的队伍，成绩就比较差，而那些主力和替补能力相差不明显的队伍，则成绩较为理想。之所以有这种结果上的差别，原因即是前者队员的可替代性较差，后者队员的可替代性较好。若从这一点来判断，米卢确实是个神奇教练，因为他迟迟不肯公布国家队队员名单，即是想降低某些队员的不可替代性。

在替代与不可替代的选择上，个人和组织的偏好完全不同，但二者又都依赖人力资本投资，可见教育等人力资本投资的功用之妙。

《经济学家茶座》，2002年第3期

高铁的经济学意义

时间是有价值的。1918年胡适在《新青年》上发表了《归国杂感》，对所见之种种怪现象进行了描述和批判性反思。他说："我回中国所见的怪现状，最普通的是'时间不值钱'。中国人吃了饭没有事做，不是打麻雀，便是打'扑克'。有的人走上茶馆，泡了一碗茶，便是一天了。有的人拿一只鸟儿到处逛逛，也是一天了。更可笑的是朋友去看朋友，一坐下便生了根了，再也不肯走。"

诺贝尔经济学奖得主西奥多·舒尔茨在《人类时间价值提高的经济学》中认为，正是人类的时间价值提高了，时间更值钱了，才会有明显的技术进步和制度创新，作为"大写的人"才会得到更多的尊重。

但时间的价值因人而异，有的人时间价值高，有的人时间价值低。由于时间价值可以用一个人的单位收入来表示，因此，可以认为，收入高的人时间价值也高，收入低的人时间价值也低。虽然与胡适时代相比，现在中国人的时间价值普遍提高了，但人与人时间、人群与人群时间的差异仍是十分明显的。比如，城乡之间的收入差距现在是 3.3∶1，也就是说，平均来说，城镇居民的时间价值要 3.3 倍于农村居民。

在城镇内部，具有城镇户籍的居民比没有城镇户籍的居民收入又要高，说明前者的时间价值要高于后者。至于那些可进入财富排行榜的人，时间就更值钱了，他们每分钟的时间价值可能都要高于普通百姓一天的时间价值。

时间是种稀缺资源，人类的时间价值提高后，就会生发出一种需求，要找到节约时间的工具和方法。在某种意义上，交通工具的出现就是满足这种需求的产物。人类的时间越来越值钱，交通工具的速度也就越来越快，二者是一种正相关关系。就目前的经济发展阶段来看，中国人的时间价值没有欧美发达国家的高，比如以小时工资计，中国制造业工人的小时工资才 2 美元左右（按现在汇率算为人民币 13 元左右），但美国为 24 美元，欧元区为 29 美元，差距不小。

尽管如此，在快速交通工具的发展上，某些方面中国却已超过它们，比如高铁。京沪高铁的运行已一个多月了，但围绕高铁的争论很多，甚至这种争论已影响到高铁的发展战略，比如 8 月 10 日召开的国务院常务会议就要求适当降低新建高速铁路运营初期的速度。可以预见，这种争论还会持续下去，负责高铁的部门和人士对此要有足够的心理准备。

高铁的主要功能是节省乘坐者的时间。以京沪高铁为例，北京到上海乘夕发朝至的特快列车需要 14 个小时左右，乘高铁需要 5 个小时左右。也就是说，高铁要比特快列车节省 9 个小时，这对时间很宝贵的人士来说，乘坐高铁毫无疑问会成为飞机之外的不二选择。可以想象，对那些在北京工作的商务人士，上午坐高铁到上海，中午在那里陪客户吃午饭，下午还可以赶回北京与另一拨客户共进晚餐。因此，仅用节省的时间价值来衡量，高铁的经济效益就非常可观。

但与火车速度提升相随的是，票价也提高了。根据公开的数据，特快列车的票价是硬座 179 元，高铁二等座票价 555 元。也就是说，改乘高铁，时间节省了 9 个小时，但价格增加了 376 元，即每节省 1 小时，乘客需要多支出 42 元。42 元对中等收入以上阶层来说不是大数字，对财富排行榜上的人士来说更是可以忽略不计，但对小时工资不过 13 元左右的打工人士来说，却可能是个需要好好考虑的数字。

也就是说，对时间价值不是很高的人，多花 370 多元钱换来 9 个小时的时间节省，这种交换的意义是不大的，因为对他们来讲，时间并不稀缺，稀缺的是工作，是收入。因此，在高铁和夕发朝至列车之间，商务人士会选择高铁，靠体力挣工资的产业工人则可能会选择特快列车。

如果能做到想坐高铁有高铁，想坐特快有特快，那也算是不同人群各得其所，特快、动车之外增加高铁，在经济学上，这属于帕累托改进。但现实是，高铁的增开是以特快列车的减少甚至停运为代价的。据报道，京沪高铁通车后，原来每日 7 趟往返的特快仅存 T109/T110，大量消费能力有限的乘客只能选择高铁，或说"被高铁"。

用较高的价钱购买不怎么值钱的时间，这种买卖很多人并不愿意做，或做得不踏实。但这又难免，因为是否要建高铁，是由需要高铁的人决策的，那些不是很迫切需求高铁或说对高铁没有需求的低收入者，是没有话语权的。

中国虽已进入高铁时代，有些人已切实感觉到高铁的好处，国家和地方的经济发展也定能从中受益，但很多人"被高铁"的现象将长期存在，这应该引起决策者的高度注意。

《法治周末》，2011年8月17日

经济增长的颜色

经济增长是有颜色的，但不同颜色的增长代表着不同质量的增长，用现今的标准来看，绿色的增长是一种可持续的增长，是我们所追求的增长，其他颜色的增长，比如黑色的增长、灰色的增长、红色的增长等，是不可持续的增长，是我们要避免的增长。

虽然经济增长有很长的历史，但在绝大部分国家的绝大多数时期，增长的颜色一直是绿色的，其他颜色的增长被人注意并加以讨论，是工业革命之后的事情。就我国来说，改革开放前的经济增长大体也算是绿色的，记得我小时候的农村，虽然也用农药化肥，但田里的泥鳅、河里的鱼类，可以说到处都是，田里挖泥鳅、河里抓鱼是小时候留下的美好记忆。这说明，那时的经济增长与自然界还是保持了比较好的协调。最近30多年，经济保持了快速的增长，但增长的颜色变了，黑色的增长多了，灰色的增长多了，红色的增长也出现了，结果，绿色的增长成了一件困难之事，这大概是改革开放之初很少有人想到的。

黑色增长是伴随着黑色残留物的经济增长,比如有些工厂昼夜不停地运转,带来了GDP的增加,但烟囱里冒出的浓浓黑烟和管道里排出的废料废水,却污染了大气和河水,极大地破坏了人们生产生活的环境。2012年有媒体描绘了我国癌症村地图,从中可知,这些癌症发病率较高的乡村,附近大都有大量排污的企业。也就是说,这些企业也许带动了当地的经济增长,但使附近的居民蒙受了难以恢复的身体创伤。

灰色增长的典型例子是雾霾。去年下半年以来,北京等地出现了程度不等的雾霾天气,PM2.5严重超标。其中的原因当然非常复杂,比如人口的增长、机动车的增加等,但现行的经济增长方式是难辞其咎的。资源的过度开采、环境的过度破坏,使大自然的修复能力大为降低,一旦遇到某种极端的天气,一些城市就不可避免地会成为雾都。

红色增长的新近例子是今年4月曝光的河北沧县张官屯乡小朱庄的地下水变成红色事件。很多人记住的也许是沧县环保局局长邓连军的如下一段话:"红色的水不等于不达标的水。有的红色的水,是因为物质是红色的,比如说放上一把红小豆,那里边也可能出红色,煮出来的饭也可能是红色的。"但更应该记住和警醒的是,地下水呈红色,反映出当地企业在发展过程中是如何严重地污染环境和水源的,如果不及时采取措施,癌症村名单只会越来越长。

经济增长的颜色

当然，经济增长除呈上述的绿色、黑色、灰色、红色外，还有白色、黄色、褐色等。这些带有颜色的增长有时很难明确区分，甚至是相互联系在一起的。但不管何种颜色的增长，远离绿色，就意味着远离可持续，是一种有水分的增长。因此，必须想办法挤掉水分。党的十八大报告提出，要大力推进生态文明建设，努力建设美丽中国。从经济增长的颜色来说，生态文明和美丽中国的建设，就是要大力推动绿色发展，建设绿色中国。

对此，要改进的地方很多，有三个方面需要特别指出。

一是技术创新。我国的经济增长消耗了大量资源，但资源的使用效率不高。有数据表明，2007年，我国每万美元GDP消费的铜、铝、铅、锌4种常用有色金属达到77.5公斤，而同期发达国家的消费量均在10公斤以下。主要产品能耗也比国际先进水平要高，2007年，我国每吨煤炭生产电耗为24千瓦时，而国际先进水平仅为17千瓦时；每吨电解铝综合电耗14488千瓦时，国际先进水平仅为14100千瓦时；每吨铜冶炼综合能耗为610kgce（kgce指千克标准煤），而国际先进水平为500kgce；每吨原油加工综合能耗为110kgce，国际先进水平仅为73kgce。在资源再利用环节，2008年，我国工业固体废弃物综合利用率为64.3%，与80%左右固体废弃物综合利用目标仍然有很大的距离。我国选矿尾矿利用率也比较低，2010年，我国金属尾矿的平均利用率不足10%。因此，加大技术创新力度，提高资源利用效率，对于提高经济增长的绿色度,是非常重要的。

二是市场化改革。中国的经济增长是投入型增长而非创新型增长,其中一个重要原因是市场化改革不到位,扭曲了要素的价格,也就是说,现行的价格不能充分反映要素的稀缺性,投入生产的要素价格偏低,使企业倾向于较多使用劳动力、自然资源等要素的内在驱动,而对创新的动力不足。因此,深化改革,使市场在要素价格形成和配置中发挥基础性作用,使价格能基本反映要素的稀缺性,是提升创新的重要前提。对于如何改革,党的十八大报告作了明确论述:"深化资源性产品价格和税费改革,建立反映市场供求和资源稀缺程度、体现生态价值和代际补偿的资源有偿使用制度和生态补偿制度。"

三是地方干部绩效评价和晋升机制改革。按理说,前述的红色增长和癌症村地图,地方官员是知道的,为什么他们会睁一只眼闭一只眼?原因是经济增长速度在现行的地方干部绩效评价体系中占有比较大的权重。有些地方干部,为了尽可能快地出政绩,不惜损害当前群众利益和后代子孙利益,默许甚至是放纵企业的排污行为和资源破坏行为。因此,要改革干部绩效评价和晋升机制,GDP固然重要,但民生建设、环境保护等,也应占有足够的比例,正如党的十八大报告所说,要"促进领导干部树立正确政绩观"。如果增长是环保的、是绿色的、是惠民的,那么即使速度慢一点,也是好的,当地主要干部也应该得到好的评价和应有的晋升。相反，如果增长是黑色、灰色或红色的，即使速度再快，当地主要干部也不应该得到好的评价和晋升，甚至要受到处罚。

总之，当下中国经济增长的颜色过于丰富，但绿色显得不足。因此，需要多方努力，促进绿色增长，减少甚至杜绝黑色、灰色、红色等颜色的增长。只有绿色增加了，美丽中国的梦想才能真正实现。

《经济学家茶座》，2013年第4期

初见俄罗斯

2006年11月底到12月初,我有幸随北京市百人工程代表团对俄罗斯进行了为期五天的访问。五天是很短的,对俄罗斯这样一个幅员辽阔的国家,五天甚至连走马观花都谈不上。尽管如此,所见所闻还是给我留下了深刻印象。

一个国家的性格可以从其对历史建筑的保护态度和行为中得到体现。从这个意义上说,俄罗斯确实做到了彼得大帝当初所希望的,学习欧洲,靠拢欧洲,因为与欧洲国家一样,俄罗斯对历史上不同时期的建筑保护得非常好。圣彼得堡有300多年的历史,它简直就是一座建筑博物馆。300年前彼得大帝时期的建筑以两层和四层为主,高的也就七八层。该城市至今仍有1000多个保存完好的名胜古迹,当中包括548座宫殿、教堂、庭院,32座纪念碑,137座艺术园林。斯大林时期的建筑高大、雄壮,其底部饰以精美石块,外观呈暖黄色。据说,这种房子现在非常贵,俄罗斯人也以住斯大林式房子为荣。赫鲁晓夫时期的建筑像我们国内所谓的板楼，是当时为了尽快实现共产主义，保证人人有其居而快速建立起来的，质量自然没法与彼得式建筑和斯大林式建筑相比。这三类建筑在圣彼得堡真正做到了"和而不同"，这很让人尊敬。

历史建筑的保留，除了体现后人对历史的尊重外，也有质量做保证。莫斯科的地铁非常有名，不仅古老，而且非常先进，我们这次特意在胜利广场边上的一个地铁站做了实地考察。地铁100多米深，好几层，不仅漂亮，像艺术长廊，而且不会渗水。这很不容易，因为北京的地铁不是很深，但常有渗水现象发生。为什么有这种差距呢？有人说是技不如人，也许吧，但我认为更根本原因是质量意识不如人。技术可以引进和复制，但意识是很难引进和复制的。在参观叶卡捷琳娜宫时，我看见工人们趴在地上像雕刻工艺品似的修补地板。这也不仅关乎技术，更关乎态度。

谈到历史，不能不谈计划经济。苏联实行计划经济及相关的制度安排长达70多年，其影响在今天仍能感受得到。我们从莫斯科到圣彼得堡，坐的是火车。这本没什么，但有两点特别之处。一是火车票做得比飞机票还复杂，除时间、车厢、床位号等外，还有乘坐人的姓名和证件号码，上车除需验票外，还得验护照。二是开关包厢的门是件非常费力之事，门一旦关上，任我们几个人如何"里应外合"，就是打不开，只得求助乘务员。可见，火车是何等的破旧。其实，破旧的何止是火车，我们从圣彼得堡回莫斯科坐的是飞机，圣彼得堡机场的简陋和差乱令人以为这是某个小地市的火车站。

不过，大街上面带微笑的行人和超市里琳琅满目的商品表明，俄罗斯正在离计划经济越来越远。俄罗斯的经济已走出20世纪90年代初苏联解体后所导致的衰退，开始复苏，并已连续多年高速增长。俄罗斯经济发展和贸易部近日公布的预测报告显示，今年俄罗斯国内生产总值将比去年增长6.8%。最近几年，坊间流传一个名词叫"金砖四国"（BRICs），说的是中国、俄罗斯、印度、巴西这四个国家的经济增长速度较快，其国内生产总值（GDP）之和在2025年有望达到美、日、德、法、意、英六国之和的50%，并将在2050年之前全面超越六国。从现在的表现来看，俄罗斯的金砖地位是名副其实的。

但是对于经济的高速增长，也并非一致叫好。莫斯科大学公共管理学院的一位经济学教授在与我们座谈时认为，俄罗斯经济最近几年的快速增长，主要靠石油和天然气价格的上涨，科技含量不高，不可持续。他特别推崇我国科技园区建设的模式，希望俄罗斯向中国学习，通过科技创新而不是自然资源来推动经济的增长，而且，各个领域都要有高科技。俄罗斯可谓是地大物博，资源非常丰富，按照资源禀赋理论，其经济发展是应充分发挥自然资源优势的。但若过分依赖自然资源，也会有很多问题。实际上，冬天一来，俄罗斯即面临能源和电力的短缺。我们在圣彼得堡期间，有幸看见普京总统的车队，后来看报纸才知道，他来圣彼得堡是为了参加一个俄意合作的电力项目的启动仪式，他们希望通过引进外资和技术来扩大能源和电力的供给。可见，这位教授对技术创新的强调是非常有道理和有现实意义的，也很值得我们思考。

由于有共同的社会主义实践和计划经济经历，人们习惯拿中国和俄罗斯进行对比。其实，这两个国家的差异很大，可比性很小。20世纪90年代讨论改革路径的时候，大家倾向性的意见是渐进改革比激进改革更好，言下之意是，中国的改革是成功的，俄罗斯的改革是失败的。现在回过头来看，这种二分法显得过于简单，因为当时俄罗斯经济的困境不仅仅是由改革引起的，原因非常复杂。从俄罗斯回来，我越发坚定了对走中国特色社会主义道路的信心，对建设和谐社会的必要性有更进一步的认识。同时，我觉得俄罗斯正在再度崛起，它的崛起是有利于世界和平的，从同乘一个航班回国的、在俄罗斯做生意的温州人的脸上，我知道，俄罗斯的崛起也有利于中国。

《北京社科》，2006年第12期

大学的文化

在中国，Clemson 大学的知名度并不高。我之所以利用参加美国经济学年会的机会，坐几个小时的飞机，访问 Clemson 大学的商学院，是因为在过去的一年间，该校代表多次访问我们学院，商谈合作办学事宜，这次我们回访，是要讨论并落实有关细节。

Clemson 大学成立于 1889 年。其创立者 Thomas Green Clemson 是美国副总统 John Caldwell Calhoun 的女婿，他去世前立下遗嘱，将其庄园和巨额财产捐出，成立一所大学，以使南卡罗来纳州的年轻人受到更好的教育。经过百余年的发展，现有农业、林业和生命科学，建筑、艺术与人文，商业和行为科学，工程和科学，健康、教育和人类发展五个学院，根据《美国新闻和世界报道》，该校位居美国最好公立大学的第 23 位，前几年，学校更是确立了截至 2011 年要跻身美国顶尖的 20 所公立大学之列的目标。我们的飞机晚上 11 点左右到达格林威尔机场时，该校中国研究中心主任胡晓波教授已经在大厅等候，这使我们备感温暖，虽然外面的气温很低。胡教授说，根据天气预报，马上就会有场大雪。不过，当车开进校园离我们下榻的宾馆不远时，车前挡风玻璃上的雪花告诉我们，雪已经开始下了。对此，大家都觉得特别幸运，因为下早了，机场到学校50分钟的路程可能不好走，下晚了，见不到瑞雪门前相迎。

学校做了相当充实而细致的安排，两天访问的时间几乎被各种活动填满了，包括校长接见，拜访大学所在城市市长，参观宝马公司北美总部，与华人学者和学生座谈，与商学院院长见面，与国际事务负责人商讨合作细节，等等。第二天一早起来，发现室外已覆盖了厚厚一层白雪，是真正的银装素裹，美极了。前面说进校遇雪感到很幸运，能见到这么大一场雪，更是幸运。据说，这是当地近20年来最大的一场雪，因为南卡罗来纳州偏南，雪总体偏少。全世界都在讨论气候变化无常，这场大雪是否也是一个见证？

大雪带来了别样景致和别样心情，也给工作带来预想不到的麻烦。因为大雪，整个学校封校，工厂和商店也大部分关门了，目的是防止员工在上下班途中发生意外，若发生意外，责任在单位。因此，已经安排的绝大部分活动都被取消，只有与商学院的会谈还如期进行，而且还在我们住的宾馆进行。这也意味着，我们陷入一种孤岛状态，除到室外拍拍雪景，其他时间只能待在宾馆里。

我们住的宾馆叫 The Clyde V. Madren Center，类似于

国内大学的学术交流中心,当年杨洁篪担任驻美大使访问该校时就下榻这里。它坐落在学校北边,旁边是湖泊和高尔夫球场。虽然大雪覆盖了草地,但可以想见,宾馆周边的环境是非常漂亮的,据说在春秋季节,很多外地的人都会来到这里,在湖边支个帐篷,享受这里的阳光和美景。虽然出行不便,但宾馆内的点滴,仍能使人感受到Clemson大学厚重的文化底蕴。

宾馆大堂有好几个老虎模型以及和老虎相关的画作,视觉冲击力非常强,很自然地让人联想,这个大学一定与虎有某种关联。一问才知,老虎是Clemson大学的主要标志。据说1896年,一位橄榄球教练来到Clemson大学执教,他是普林斯顿大学老虎队的忠实粉丝,于是将Clemson大学橄榄球队改名为"老虎"。橄榄球队是Clemson大学的骄傲,该校只有3万人左右,却拥有一座能容纳8万人的体育场,一有比赛,这里便成为节日的海洋。正是由于橄榄球队的特殊地位,老虎也就成为Clemson大学整个体育系统的昵称和大学的标志,Clemson大学的校徽就是一只橙色的虎爪印。没看到有关资料,也没问有关人员,不知道Clemson大学的学生是否比其他大学的学生更具有虎气。

宾馆的每一个客房门上都有一个小牌子,写有认捐者名字,比如我们所住的121号房,就是Clemson大学1938年毕业生Terry Edward Richardson先生认捐的。据介绍,认捐者在回来看橄榄球或高尔夫球比赛时,享有优先居住该房间的权利。每个房间内的桌子上,都立有一块类似于桌签的小牌子,上面有一段文字,一个人的照片及其联系方式。我所在房间的文字如下:

What is Clemson

Driving entrepreneurship

David Bodde is striving to start an automotive revolution at clemson. Professor and senior fellow in the Spiro institute for Entrepreneurial Leadership, he's working to speed the transition to sustainable vehicles and fuels by connecting entrepreneurs with industry incumbents.

"There are startup companies around the world with innovations that can revolutionize the auto industry. The trick is to connect them to the innovation processes of car companies and that is what I am to do at Clesmson." says Bodde.

The opportunity to nurture innovation and entrepreneurs who will be responsible for tomorrow's advancements attracted Bodde to Clemson-and continues to drives his work.

文字很短,但从一个侧面诠释了什么是 Clemson 大学,而且是现身说法。这会给每一个客人都留下深刻印象。此外,宾馆走廊上还立有"梦想栏",选择代表性教师和学生,说出他们的梦想。比如,有位叫 Cheryl Dye 的教授,她的梦想是"提高老年人的生活质量",因为密苏里农村生活的经历使她对儿时多代人生活在一起的日子很向往,她说:"我真的很羡慕那一代人,我喜欢他们勤奋工作、积极、做事的态度。"有位叫 Ben Ward 的研究生,先后在英国、德国、冰岛、土耳其学习生活过,他的梦想是"To gain a worldview"。他认为在 Clemson 大学,有着浓厚的创新型学习氛围,强大的导师和师资队伍,这使他受益匪浅。

可见,在美国,Clemson 大学不是常春藤大学,但非常重视文化建设,而且其文化建设渗透在每一个地方,呈现方式也易于为人接受。相比较而言,中国大学的所谓学术交流中心,则往往是大楼有余,大学不足;商业有余,文化不足。

《经济学家茶座》,2011 年第 3 期

"新日本"之新

受日本驻华大使宫本雄二先生的邀请,由人大杨健教授、北大王正毅教授、政法大学杨帆教授和我组成的中国经济学者代表团,于2007年10月17~21日对日本进行了为期五天的访问。日本是中国的邻国,两国有很密切的历史和现实关系,但坦白地说,我对日本知道得并不多。去日本前,大使先生在官邸宴请我们,席间王正毅教授让大使推荐一本《菊与刀》之后关于日本的最好的书,宫本先生推荐了安德鲁·戈登(Andrew Gordon)著的《二十世纪日本:从德川时代到现代》(香港中文大学出版社,2006年)。我回家后翻阅了其中部分章节,书确实写得好。但那是一本近500页的书,短时间内无法读完,因此,登机去日本之前仍没有关于日本的完整图像。

五天的时间很短,以何种视角观察一个国家,作为一个学者必须心中有数,否则就等同于一般的旅游,连走马观花都很难。坐在去日本的飞机上,翻阅当天赠送的《环球时报》，一篇柳海撰写、名叫《"新日本"并不存在》的文章进入眼帘。一看方知，我以前的同事、现任日本JCC新日本研究所副所长的庚欣先生在《环球时报》9月29日发表过《不忘旧日本，更要关注新日本》一文。庚文认为，日本有新旧之分，近代以来，日本至少有三次大的革新进程。一是19世纪六七十年代的明治维新，日本选择"弃旧图新""脱亚入欧"，从此最先成为快速走向近现代化的非欧美国家。二是二战结束后，美国对日本的"强制更新"，使日本进入全新的历史时期。三是近年来，日本希望"走出战后"，进行"建设普通国家"的新转型，比如"修宪"、"入常"、强调个人主义等。依此，庚先生希望国人看待日本要有"新思维"，不要抱着"旧日本"印象不放，而要关注"新日本"的变化。

柳海不同意庚文的观点，在他看来，日本现在进行的所谓"改革"只不过是想"摆脱战后的束缚"，希望日本人卸下背了60多年的战争罪恶感包袱走向"正常化"。这不是进步，而是倒退，是部分乃至全面否定第二次改革，使日本远离二战后的和平主义路线。

庚、刘都是旅日学者，应该说对日本很了解，且他们的争论涉及的问题很多，很复杂，非我所能评论。但庚欣所提出的新旧日本之变，却又为我们观察、思考日本社会提供了一个很有意思的维度和视角。由于是大使邀请，日方给予了足够的重视，不仅日程安排得很满，而且接待的机构很有代表性。接待我们的机构和人士先后有中前国际经济研究所所长中前忠、外务省亚洲局参赞小原雅博、大和证券研究所特别理事田裕祯三、NTT-DOCOMO研发中心、防卫大学校校长五百旗头真教授、日本经济新闻社亚洲部长竹岗伦示、原日本驻泰国大使冈崎久彦、日本银行国际局审议官大野英昭、财务省综合政策研究所所长田中修等。在与他们的交谈中,我深感日本进入21世纪以来,确实有很多新的地方令人印象深刻,其中最突出的表现在于日本的国际化和国际思维。

日本国土面积狭小,跳出本土,拓展海外资源和市场,是其一贯的想法和做法,但最近几年表现尤为明显。这里仅举几个例子予以说明。

一是日本的经济增长主要依靠出口。以1991年初"泡沫经济"破灭为转折点,日本经济陷入了长达10余年的经济低迷时期,即所谓的"失去的10年"的经济萧条阶段。但从中前国际经济研究所和大和研究所提供的数字来看,从2001年以来,日本经济开始复苏,GDP年增长率平均在2%以上,这也给日本人以很大的信心。但经济的增长在很大程度上依靠的是出口的增长。比如从需求角度来看,在2002~2007年,个人消费年均增长仅为0.4%,政府消费为0.5%;家庭投资年均增长仅为0.6%,企业投资为4.1%,政府投资是下降,年均增长为-7.2%。出口却一枝独秀,年均增长高达10.2%。对于出口的增长，日本经济界人士认为，要感谢中国和东南亚国家经济快速增长所带来的需求增长。实际上，以前日本所依赖的美国市场，最近几年所占比例是不断下降的，已从2000年的30%下降到了今年的20%，低于对中国的出口比例。

二是日本人普遍具有国际意识。我们在日本期间，我国正值召开党的十七大，因此，当地的主流媒体几乎每天都有相关新闻报道，而且还经常在头版。他们不仅关心中共领导层的变化，关心中国台湾问题，而且非常关心普通中国老百姓对十七大的态度和看法，关心十七大报告中的一些新提法。比如，我们在财务省时，田中修所长就问我们为什么十七大报告仍特别强调改革开放，科学发展观是什么意思，等等。他们关心中国，很大程度上是因为中国是他们的邻国，日本与中国有很深的渊源关系，而且最近30年经济增长又非常快，隐藏着诸多商机。我们所接触的日本人士，不仅关心中国，而且大多非常了解中国，有些人在中国工作过，他们中的很多人还会说流利的中文。在外务省招待我们的晚宴上，日方5人都能讲中文。坐在我对面的大西仪久先生是银行家，中文讲得好，对中国很熟悉，简直就是中国通，写过三本有关中国的书，得知我在出版社工作过后，还特意送我一本他写的今年刚出版的新书《现代中国之真相》。我们就中国未来发展所面临的问题进行了充分的交流。也许是青酒的作用，也许是交谈甚欢，大西仪久最后竟考起了我有关中国历史的知识。

当然，日本人的国际意识不仅体现在对中国的关注和了解上，否则就该叫中国意识了。实际上，他们对美国、欧洲更是关注有加。我的一个总体印象是，他们在思考日本经济发展，在制定日本经济政策时，是充分考虑了国际变量的。中前国际经济研究所、大和研究所、日本银行和财务省都给我们提供了相关数表，几乎每一家的数表都不仅包括日本的信息，还包括中国、美国、OECD、东南亚国家的相关数据。这说明他们准备充分，但我更相信是他们的国际意识使然。

三是外国文化尤其美国文化对年轻一代日本人的影响。日本在保持传统文化方面做得还是很好的。为使我们更好地了解日本传统文化，宫本大使还特意指示接待方安排我们去看了一场歌舞伎。19日晚，在东京具有悠久历史的KABUKI-ZA剧院，我们欣赏了传统剧目KOI BIKYAKU YAMATO ORAI和舞蹈YAKKO DOJOJI。说是欣赏，其实非常有限。因为根据陪同人员介绍，歌舞伎很好地保持了传统，现在的演出形式和演出语言跟几百年前差不多，这犹如我国的京剧。我们坐的是二等席，票价为11000日元，相当于人民币800元，算是比较贵的了。但整个剧院座无虚席，人们看得津津有味，不时发出笑声和掌声。这从一个侧面说明日本是喜欢并尊重传统文化的。

但与此相伴的是，由于受外来文化和价值观的影响，年轻一代日本人开始形成与父辈不一样的人生观和价值观，其中一个表现是对待养老的态度上。日本是个老龄化程度很高的社会，根据财务省提供的数据，2005年65岁以上人口占总人口的比重高达20%，是个典型的老龄化社会。我问外务省福田先生，现在日本人如何养老，家庭养老占多大比重？他回答说，由于受美国文化的影响很大，现在父母很少靠小孩养老了，都得靠自己，并以开玩笑的口吻说："我将来得在养老院待着。"若此，变化是很明显的。二战前，与我国一样，日本的养老方式一直以具有血缘关系的家庭养老为主，几代同堂的家庭很常见。但二战后，由于生产方式的转变，市场经济的发展，老龄人口的增加，美国个人主义价值观的输入，妇女就业率的提高，家庭养老模式逐渐让位于社会养老模式。

日本的这种国际化是顺应时代的需要，有主动适应的努力，也有被动适应的成分。但这都反映着日本不断求新的民族特性。《菊与刀》的作者本尼迪克特说："我们说他们冥顽，附带一句，但是，他们又能适应激烈的革新。"这种判断是很准确的。

当然，"新日本"之新不仅体现在国际化上，支撑其二战后经济快速发展的科技创新仍很强劲，且投入的力度在加大。比如，若以1996年的支出为100计，则2007年日本一般的财政支出仅108.9，增加得不多，但科技促进方面的支出高达177.1。也就是说，财政支出中用于科技支出的增加速度明显高于一般支出的增加速度。不仅政府很重视和支持科技创新，企业亦然。作为日本最大的移动通信业务提供商，NTT-DOCOMO 每年用于研发的费用高达 10 亿美元。我们站在其演示厅，看着画面，听着解说，体验着仍处于实验阶段的产品，深深地感到，科技已极大地改变了我们的世界，世界是平的了，世界更丰富多彩了，并相信，科技创新还会更进一步方便人类，惠及地球的每一个角落。

《经济学家茶座》，2008 年第 1 期

出版社使命与和谐文化建设

最近半年来,有两件事情业已成为公共话题。一件是"两会"期间很多委员联名提出要设立"国家读书节",因为有数据表明,我国全民图书阅读率连续8年走低,阅读的人越来越少,阅读的品位越来越低,用最近一期《中华读书报》的头版头条的标题来说,是"阅读渐行渐远"。另一件是以于丹为代表的CCTV"百家讲坛"系列图书市场反应非常红火,特别是《于丹〈论语〉心得》发行超过了400万册,创造了一个奇迹,成为一种现象,不仅让出版商赚了个盆满钵满,而且还引发了对古典文化和古代经典的热评和热议。这种对比使我更进一步思考一个一直萦绕心头的问题,那就是出版社的使命是什么,我们为什么而出版?

出版具有双重属性,既要讲社会效益,又要讲经济效益;既有意识形态属性,又有商业经营属性;既要承担文化责任,又有强烈商业诉求。这两种属性既矛盾又统一,是对立统一的关系。但现在出版界有只讲对立不讲统一,只讲商业利益不讲文化责任的现象，重复出版、跟风出版、粗制滥造等现象严重，把出版只看成一个一般经济部门。其实，出版不仅仅是经济行为，甚至主要不是经济行为，它更多的是文化行为。国家和社会这么重视出版业和出版社，不是因为出版业为我国的 GDP、财政收入和经济增长做出了多大的贡献，实际上，全国 570 多家图书出版社所上缴的税收加在一起一年不超过 50 亿元，还不及一个大企业。国家和社会这么重视出版，是因为出版关乎知识的创造、文化的传承，关乎人类心灵史的塑造，关乎和谐文化和和谐社会的建设，也就是说，它的终极目标是文化。中华书局的创办人陆费逵有一段名言："我们希望国家社会进步，不能不希望教育进步；我们希望教育进步，不能不希望书业进步；我们书业虽然是较小的行业，但是与国家社会的关系，却比任何行业为大。"因此，衡量一个出版社地位高与低，贡献大与小，主要不在于经济规模的大与小，而在于它对文化建设发挥作用的大与小。

出版社对文化建设的作用如何体现？当然是要多出书，多出好书。那什么是好书？有三个标准。

一是"双效"标准。那就是以社会效益与经济效益是否能统一以及统一的程度来判断图书的价值。对社会效益，很多人又以获奖的数量和级别来表示，一个出版社图书获奖的数量越多，获奖的级别越高，说明它的社会效益越好，对某一本（套）书来说，也是如此。经济效益则以发行数量、码洋和利润等指标来表示，若某出版社或某本（套）书的发行量、发行码洋和利润高，则说明它的经济效益好。也就是说，既能获奖又能挣钱的书就是好书。

二是"书架"标准。那就是从消费者的角度出发来判断图书的价值。我看过一篇文章，是北大学者曹文轩写的，他说："一个出版社出版的书在书架上待不住，这是一件非常成问题的事情。总得有些书，必须得有些书能够在书架上待住，这个出版社才有它的未来。"随着生活越来越富裕，现在买书的人越来越多，人们买书的数量也越来越大，但除极少数藏书家和拥有豪宅的人外，绝大部分购书人的书架是非常有限的，而且还经常搬家，哪些书必须从书架上撤下来，是摆在很多人面前的问题。如果几经权衡，某本书还能留在主人的书架上，说它是高质量和有价值的，就应该是很少有水分了，至少对该书的主人来说是这样。如果一本书经过很长时间，还舒舒服服地躺在很多人的家庭书架上，那么就可以说这本书是优秀出版物甚至称它为经典，因为它的价值并没有随时间的流逝而明显贬值。

三是"学科发展"标准。那就是从学科发展的角度来判断图书的价值。一个有地位的出版社，特别是有地位的大学出版社，一定是与它所致力的学科发展史联系在一起的。比如，一个出版社如果出版了许多在文学史上举足轻重的作品，那么这个出版社与文学史之间就可以成为后人从事研究、从事文学史写作的一个话题，就会成为文学史的一部分。

如何衡量出版社所出图书的学科发展贡献？办法之一是看相关学科专家的评价，如果很多专家都认为某一出版社所出的图书质量好，影响大，都以在此出版社出书为荣，或都认为此出版社对其成长产生过重要影响，则可以认为该出版社对这些专家所在学科的发展是做出过重要贡献的。比如人民文学出版社，很多文学界名家对人文社都有高度评价。比如李国文先生就把它叫作"中国作家心目中的文学殿堂"，说人文社出版了他的第一部书，等于"认证了我从事文学事业的资格""像是给了我一张毕业文凭"。王蒙先生也曾写道："有一个讲文学讲质量讲信用的人民文学出版社，是中国文学事业的幸运。"周梅森先生深情地追忆了22年前第一次走进朝内大街166号大门的情景，说这是"去朝拜我心中的文学殿堂"，此后这里便成了"我的文学之家"。这么多的文学名家这么高度地评价人文社，我们可以说，人文社对中国现当代文学的发展是做出了重要贡献的，写中国现当代文学史自然也就不能不提及人民文学出版社。

办法之二是看重要学术刊物所发表的论文对其所出版图书的引用情况，引用越多，引用率越高，说明其图书的影响越大，它对该学科发展的贡献也就越大。

有关图书引用情况的数据来源很多，在此我们通过南京大学开发的CSSCI系统，来查询我比较熟悉的两个学科的情况，一个是经济学，一个是教育学，代表这两个学科最高学术水平的刊物分别是《经济研究》和《教育研究》。我们查询了这两个刊物2000~2004年所发表论文的参考文献情况，并依被引用次数进行了排序，发现在《经济研究》中，被引用最多的出版社是上海三联书店，被引用了180次，第二、三名分别是经济科学出版社和中国商务出版社。在《教育研究》中，被引用最多的出版社是人民教育出版社，被引用了476次，其后分别是教育科学出版社和人民出版社。因此，我们可以说，上海三联书店对中国最近几年经济学的发展是做出了重要贡献的，人民教育出版社对中国最近几年教育学的发展是做出了重要贡献的。

回到一开始提出的问题，出版社的使命是什么？由于学科是在知识发展中不断分化和整合而形成的某些具有共同范式的知识，因此，出版社的使命可归结为"整合与传播知识，以促进社会发展和提高人类福祉"。出版社主要不是知识的创造者，而是根据一定的理念和规则将分布于世界各地的知识整合好并传播出去。世界上很多出版社都对自己的知识整合和传播倾向有明确的表述。如剑桥大学出版社的使命是"在全球范围内推动知识、教育、学习和研究的发展"。德国贝塔斯曼出版集团的使命是："为全球客户提供信息、教育及娱乐等服务，为社会发展做出贡献。"美国麦格劳－希尔出版公司的使命是"向广大个人、市场和社会团体提供必要的信息，使其具备必要的洞察力，发挥各自的最大潜能"。

知识种类繁多，学科门类也很多，一个出版社不可能全面开花，只能选择若干个学科做深做透，做出特色，做成品牌。北京师范大学出版社在学科定位上的一个基本考虑是，立足于学校的学科优势，遵循"特色、优势、强项"原则。所谓特色，主要是指教育、心理学科，我们要把教育学、心理学和相关学科的图书做强做足，使它成为王牌，为此我们成立了专门的编辑室，负责与有关院系的沟通与资源整合工作；所谓优势，是指北师大经过百年积淀所形成的一些优势学科，比如文史哲、数理化等，我们要对其进行充分的发掘与维护，以学科优势来提升出版社的出版优势；所谓强项，是指一些学科虽然不是处在全国教学与科研的最前沿或不是最领先的，但在某些领域上是强项，出版社也要把这部分资源利用好。比如经济学这一学科，北师大起步比较晚，整体实力并不处在全国前列，但教育经济学这一领域，北师大是最强的，因此，我们从20世纪90年代末期开始，出版了一套"教育经济研究丛书"，并还在继续出版。这套书不仅获得了国家图书奖提名奖和其他很多学术成果奖，而且发行量也挺可观，特别令人高兴的是，这套书已经成为教育经济学领域的一个品牌，很多学者以自己的著作能入选这套丛书为荣，它也是这一领域引用率最高的文献之一。秉承这一原则，在"十一五"乃至更长时间，我们仍将坚持以教育出版为主体，以学术出版和大众出版为两翼，致力于成为现代教育资源的集成者、开发者和提供者。

不管一个出版社选择什么学科作为自己的主攻方向，一个出版人必须牢记出版社的使命,既要追求商业利益,更要承担文化责任,在文化积累、文化传承、文化创新中做出自己的贡献,在促进和提升全民阅读中做出自己的贡献。商务印书馆有一则图文广告:"我们提倡这样的出版态度:我们是文化建设者,而不仅仅是商人;……我们提倡社会责任,而不是攫取社会财富;……我们提倡做有良知的出版人。"这是一家百年出版社的文化宣言,在当下具有非常强的现实意义。

论坛文集编委会编《和谐·创新·发展——首届北京中青年社科理论人才"百人工程"学者论坛文集》,

中国人民大学出版社,2007年

阅读与人力资本

1960年，美国经济学家西奥多·舒尔茨当选为美国经济学会会长，并在12月举行的学会年会上发表了题为"人力资本投资"的就职演说。这被认为是人力资本理论的奠基之作。至今，人力资本理论诞生已经60周年了，这是一件值得纪念的事情。人力资本理论对现代经济学的发展产生了重要影响，经济增长、国际贸易、劳动经济、收入分配等理论都有其深深的烙印，实际上，人力资本理论也影响了其他学科的发展，比如教育学、社会学等。正是因为人力资本理论有强大的影响力和渗透性，舒尔茨和另一位创始人加里·贝克尔先后都获得了诺贝尔经济学奖，另一位重要创始人雅各布·明瑟虽然没有获得诺贝尔经济学奖，但被称为"现代劳动经济学之父"的他，跟日本作家村上春树似的，是诺贝尔奖候选人名单上的常客。经济学殿堂里，他们的名字都是耀眼的，照亮了很多领域和很多人。

人力资本是指相对于物力资本而存在的一种资本形态，

表现为人所拥有的知识、技能、经验、健康等,也表现为运用这些知识、技能、经验、健康等的能力,即企业家能力。它们能为其拥有者带来回报,甚至是很高很长久的回报,故具有资本的性质,因此,那些拥有更多人力资本的人,通常也有更好的工作,更高的收入,特别是在创意时代和人工智能时代,人力资本的价值更加凸显。人力资本不仅对个人和家庭很重要,对国家和社会也很重要。经常被提及的一个例子是,二战中德国和日本受到重创,物力资本破坏严重,但它们战后很快恢复,成为经济大国,其中一个重要原因是这两个国家有很好的人力资本基础。哈佛大学教授克劳迪娅·戈尔丁和劳伦斯·凯兹在《教育和技术的竞赛》一书中认为,20世纪是"美国世纪",因为20世纪的美国在经济、军事、外交等很多方面都是处于世界领先或主导地位。为什么20世纪能成为美国世纪呢?他们认为是美国首先创造了一个"人力资本世纪",在某种意义上,是"人力资本世纪"成就了"美国世纪"。所以,人力资本对于一个国家的竞争力和综合实力是很重要的。

那人力资本是如何形成的呢?根据舒尔茨等人的论述,它有下面几种形成途径:一是正规的学校教育,包括初等教育、中等教育和高等教育;二是医疗和保健,提高健康水平;三是在职人员培训,提高通用型人力资本和专用型人力资本;四是企业为成年人举办的学习项目,比如农业的技术推广项目等;五是个人和家庭适应变换就业机会的迁移,比如劳动力流动。后来，舒尔茨把研究也看成是人力资本的形成途径，他的一本书就叫作《人力资本投资：教育和研究的作用》。再到后来，有经济学家发现，干中学，即边干边学，也会影响人力资本的形成，而且实际上，很多知识和技能，特别是一些所谓的非编码知识和非认知能力，是在工作中习得的。比如，有些人的起始文化程度并不是很高，但后来也取得了事业上的很大成功，为社会进步做出了很大贡献，这样的例子不胜枚举，其中的重要原因是干中学。这些途径各有特点，都很重要，比如这次新冠肺炎疫情的发生，使人们认识到卫生健康对个人和国家是多么重要。不过，长期以来，教育被认为是人力资本最重要的形成途径，它也决定着健康、培训、迁移等的程度，被认为是民族振兴和社会进步的基石。因此，在很多文献中，往往用教育代替人力资本，比如前述《教育和技术的竞赛》这本书，就是用美国的三次教育运动来表征人力资本世纪的。

其实，对人力资本的形成，还有个重要途径，那就是阅读。阅读与教育、培训甚至干中学都密切相关，没有阅读，也就谈不上教育和培训，但就促进人力资本形成来讲，阅读有其独立存在的价值。比如，一位商务人员，在旅行途中带上一本小说——《书中人物旅行记》作为陪伴，那这种阅读跟前述的教育阅读和培训阅读就不是一个性质，但它又会扩展人的视野，内化为人的精神气质，并最终转化为人力资本。经济学有一个很有趣的研究，那就是"婚姻溢价"，说的是已婚男性比未婚男性能赚更多钱的现象。对这一现象有很多解释，其中一个可称之为专业化假说，即通常婚后女性要承担更多的家务劳动，而男性更专注于事业，回家后有更多时间进行阅读，比如看书、看报或看电视等，从而会提高自己的人力资本，带来更大的经济回报。

正因为阅读非常重要，很多国际组织和国家都对其极为重视。比如，1972年联合国教科文组织（UNESCO）向全世界发出了"走向阅读社会"的号召，并于1995年宣布每年的4月23日为世界读书日。2000年经济合作与发展组织（OECD）开始举办国际学生评估项目（Programme for International Student Assessment，PISA），每3年举办一轮。该项目主要关注学生的阅读、数学与科学素养，以帮助人们更好地了解参评国家（地区）教育的优势与薄弱环节，并加以改进。根据PISA给出的定义，阅读能力是为了实现个人目标、发展知识和潜能、参与社会活动而拥有的理解、使用、反思书面文本的能力，它被视为一个国家形成未来国际市场上竞争力的基础，构成全球经济和文化博弈中国家软实力的根基。

我国是有悠久阅读传统和深厚阅读底蕴的国家，很多人家都以藏书、读书为乐、为荣，"忠厚传家久，诗书继世长"，"世间数百年旧家无非积德，天下第一件好事还是读书"等诗句都表达了人们对阅读的重视和向往。特别是进入新时代以来，我国将阅读上升为国家战略，自2014年起，倡导"全民阅读"连续6年被写进《政府工作报告》，2017年6月国务院法制办原则通过了《全民阅读促进条例（草案）》。国家层面上为阅读做的顶层设计，为各省（区、市）和有关单位推进阅读提供了依归，效果自然明显。根据中国新闻出版研究院全国国民阅读调查课题组的研究，我国成年国民各媒介综合阅读率保持了连续增长的势头，2018年达到了80.8%，人均纸质图书阅读量为4.67本，人均电子书阅读量为3.32本。这是可喜的变化。但横向一看，跟发达国家相比，这一阅读量还是偏低，仍有很大的提升空间。而且，要建设学习型社会，成为创新型国家，实现高质量发展，国民的阅读量必须要有比较明显的增加。

我国阅读量偏低，这也说明从顶层设计到中间实施再到个人实践，还有比较长的路。怎么才能比较快地缩短这段距离？一个有效办法是提高阅读的回报率，增强个体阅读的内在动力。也许有人会说，阅读是心灵的旅行，是为了生命的完整，不应该与功利直接挂钩。对此，我是认同的，比如在无聊的时候，在忧伤的时候，阅读金庸的武侠小说，就会立马感到有趣，忘记忧伤。但值得参考的是，在60年前，舒尔茨、贝克尔等人说教育是一种人力资本投资的时候，很多人同样不理解，认为把目的变成了手段，这玷污了教育的崇高。为此，贝克尔在1964年出版《人力资本》一书时，还特意加了一个长长的副标题"特别是关于教育的理论和实证分析"（A Theoretical and Empirical Analysis with Special

Reference to Education），以免受人攻击，因为在那个时代，把教育看成是一种投资，确实有点离经叛道。但实际上，正是人力资本理论的提出，教育在世界范围内才得到了更大更快的发展。因此，强调阅读是人力资本形成的途径之一，强调阅读的回报率，不是要否定阅读对于心灵丰盈和成长的价值、否认其传统上大家认同的价值，而是要试图找到使阅读快速普及和大幅提升的有效机制。

如何提高阅读的回报率？这是个仁者见仁、智者见智的问题，很难给出简明扼要而且大家都认同的答案。但有一点是可以肯定的，那就是要以人民为中心，发展为了人民，发展依靠人民，在全社会形成尊重劳动、尊重知识、尊重人才、尊重创造的氛围。若此，人的价值得到体现，依附于人身上的人力资本得到释放，作为人力资本重要形成途径之一的阅读的回报率自然会提高。届时，阅读即生活，阅读乃必需，无处不阅读，无时不阅读，就会成为每一个人的新常态。

《新阅读》，2020年第4期

图书的时间价值

在美国经济研究局主办的"农业部纪念建国200周年座谈会"（1977年6月）上，西奥多·舒尔茨作了题为"人类时间价值提高的经济学"的讲演。他认为，由于人力资本的积累、技术的进步、思想和制度的演进，人类的时间价值是不断提高的，比如，在1900~1972年，以1967年的美元计算，美国制造业的每小时"工资率"从60美分增加到3.44美元。据此舒尔茨认为，人类时间价值的提高为理解许多社会难题提供了线索。比如，社会制度为什么会从支持产权转向支持人权；人口出生率为什么会下降；经济增长为什么会越来越依赖劳动价值的增长而不是原材料价值的增长；劳动收入在国民收入中所占份额为什么会不断增加；工人的劳动时间为什么会下降以及人力资本增长率为什么会很高；等等。

这是个很好的观察与思考问题的视角，我非常喜欢，并经常"卖"给我的学生。因为在我看来，很多东西的价值都可以通过时间来衡量。

图书的价值随时间如何变化？这是一个很有意思的问题。由于图书是记录人们观察思考自然与社会之历程和结果的一种重要载体，因此，一般而言，随时间的推进，很多图书的价值会递减，能够成为经典而不断被人阅读的书总是少而又少，经济学中属于经典而被各个学校各位老师划为学生必读书目的可能都超不过100种。张五常有一次在中山大学讲演时就说："有件事情我是感到很骄傲的，我可以肯定，我起码有六七篇文章，100年后还会有人读。"如果有谁的文章或著作100年后仍有人读，仍能被引用，他确实有充分的理由感到自豪和骄傲。

但也有些书并不会因为时光的流逝而褪色，反而可能会由于某些难于细说的原因其价值会得到提升，最近两套（本）跟朝鲜（韩国）有关的书就给我这个体会。

一套叫《燕行录全集》，它是明清时期朝鲜使节访问中国时的日记或见闻录。根据北京师范大学历史系张升教授的介绍，明清两朝，朝鲜李朝多次派使团来华。据统计，整个清代，朝鲜平均每年行使来华次数将近三次，每个使团的人数规模在200~300名，在京逗留时间为1~2个月。由于种种需要，朝鲜使团成员写有大量的日记或见闻录。一般来说，访问明朝的朝鲜使团成员的日记或见闻录多称为《朝天录》，而访问清朝的朝鲜使团成员的日记或见闻录多称为《燕行录》。韩国林基中先生将这些《朝天录》《燕行录》汇编成

《燕行录全集》100册，由韩国东国大学校出版部于2001年出版。由于绝大多数用汉字写就，出版又是影印，因此，虽为韩国出版，但中国人也能看懂。

书中文章写于几百年以前，它们对于朝鲜人了解当时的中国应该是发挥过重要作用的。但在今天，我发现它们对于我们自己了解当时的中国特别是当时的北京同样具有重要的作用。以图书贸易为例，由于求购中国典籍是朝鲜使团的任务之一，因此《燕行录全集》有许多有关当时北京图书贸易的记载，从而为我们了解和研究清代的图书贸易提供了重要的参考。比如琉璃厂，现在大家都知道它是个很有历史的书肆，但它从什么时候开始兴盛成为有影响的书肆呢？据孙殿起辑的《琉璃厂小志》说，相传清朝某年，有一名江西的举子，来京会试不第，便在琉璃厂设立书肆，自撰八股文试贴诗，镌版出售，借此谋生，后来许多江西人依靠同乡关系也都来此地经营书肆，以江西人经营为主的琉璃厂书肆就逐渐多了起来。但可以推定，琉璃厂书肆在康熙时期似乎并不突出，因为致力于搜求中国典籍的朝鲜使团成员，在此时期及以前的《燕行录》还未提及这一地方。乾隆三十八年（1773）《四库全书》开始修编，琉璃厂书肆成为纂修官查资料、访书之所，各地图书也纷纷汇集于此，进而逐渐繁荣。也是从这时开始，《燕行录》有了非常多的关于琉璃厂书肆的记载。比如，乾隆四十三年（1778），李德懋在《入燕记》中写道："归路历观琉璃厂市，书籍画帧鼎彝古玉锦缎之属，应接不暇,颈为之披","因出阜城门,历琉璃厂,瞥看左右书肆,如水中捞月,不可把捉"。[1]此外,书中还有很多书肆经营和管理方面的记载,其中一则关于书肆以诚待客的故事值得在此一说。有一个书店叫五柳居,其主人叫陶生,他是当时诚信经营的代表。据孙星衍《五松园文稿》卷一"陶君墓志铭"载:"与人贸易书,不沾沾计利,所得书若值百金者,自以十金得之,止售十余金;自得之若干金者,售亦取余;其存之久者,则多取余。曰:'吾求赢余以糊口耳,人之欲利谁不如我!我专利而物滞不行,犹为失利也。'"李德懋在《入燕记》也记载过他的事迹。有一次,朝鲜书状官在五柳居所购图书没有取走,就已经起程离京,陶生发现后,让亲戚用车装载所购图书,追送至通州,交到购者之手。对此,李德懋不由得感慨:"益叹陶生之信实。"[2]

另一本是中国社会科学院詹小洪教授的《告诉你真实的韩国》(山东人民出版社,2005年)。小洪在韩国工作生活了一年,在繁重的教学之余,他对韩国社会生活的诸多方面都进行了细致的观察和思考,几乎每天都有记录,用梁小民老师的话来说是"以日记的形式",为我们描绘了他多彩的工作生活,也为我们了解当下韩国提供了不可多得的视角和素材。詹著涉及的领域相当广泛,几乎涵盖了一个人工作生

---

[1] 《燕行录全集》,卷57,第277页。
[2] 《燕行录全集》,卷57,第320页。

活所可能涉及的各个方面，既有国家政治经济这样的大事，比如南北首脑会谈、任命总理听证会、总统弹劾风波、经济形势等，更有生活中的诸多亲身经历和细节，比如光州的澡堂子、公务员家庭、禽流感后的鸡肉价格、婚嫁习俗、学生的课外生活等。它们是真实的，也是细微的，以致连韩国人自己都可能不会去注意或说熟视无睹，但它们又是构成历史链条的有机组成部分。

也许是语言的缘故，小洪在书中少有对韩国图书市场的介绍，这对像我这样从事出版的人来说是个小小的缺憾，但一篇谈到对《朝鲜日报》的印象，叫《闻过即改的〈朝鲜日报〉》的文章，可以使我们对韩国的新闻出版业有个大体的了解。作者经常看《朝鲜日报》中文网站，特别是利用其检索系统来查找专题文章，因而养成了习惯，甚至有种依赖。但有段时间检索功能不见了，于是作者给报社发了封电子邮件，问个究竟。没想到，两天不到就收到了回音，对暂停检索服务的原因给出解释，对未在网上及时通知读者并给读者带来不便表示歉意。报社的这种态度和效率，不仅小洪感到意外，在中国生活既久的人都有同感，因为在我国一个人若给某报社或出版社写封信能得到及时回复算是幸运的。这也从一个侧面反映出韩国新闻出版业运作的成熟，真正把读者放在了第一位。

都说细节决定成败。这些细微处毫无疑问非常有助于我们深入了解我们的邻居韩国，但它的更大价值也许在后面。

我希望，100年后韩国人阅读《告诉你真实的韩国》一书时，有我们今天阅读《燕行录全集》时所带来的惊喜和快乐。

《中华读书报》，2005年7月20日

第四篇 | **经济学家观社会：
让更多劳动者成为创业者**

坚持以人民为中心夯实就业之基

我国是人口大国，劳动力数量巨大，这是宝贵的资源。同时，解决好就业问题，又面临巨大的压力。新中国成立70年来，党中央、国务院始终把就业工作摆在经济社会发展的突出位置，就业总量不断扩大，就业结构持续优化，就业质量逐步提高，就业体制和就业政策不断完善，对稳定经济社会全局和改善人民生活发挥了重大积极作用。70年就业成就的取得，是党带领人民干出来的。与就业相关的发展和改革措施不断出台，谱写了一曲具有中国特色、时代精神的就业赞歌。这对于我们进一步推动高质量发展，实施就业优先战略和积极就业政策，实现更加充分和更高质量就业，具有十分重要的启示意义。

坚持以人民为中心，始终把就业摆在突出位置

中国共产党人的初心和使命，是为中国人民谋幸福，为中华民族谋复兴。因此，一切工作都要以人民为中心，满足

人民对美好生活的需要。就业是美好生活的重要组成部分，是美好生活的基础，因此，党和政府一直把就业摆在经济社会发展的突出位置。

新中国成立之初，百废待兴，在人员安置、劳动就业方面面临严峻的局面。中央人民政府始终把安置失业人员问题作为新中国成立初期的一件大事来抓，并采取救济和安置失业人员的办法，以期有步骤地解决这个问题。1954年通过的新中国第一部宪法明确规定："中华人民共和国公民有劳动的权利。国家通过国民经济有计划的发展，逐步扩大劳动就业，改善劳动条件和工资待遇，以保证公民享受这种权利。"改革开放后，经济建设成为党和国家的中心工作，但促进就业、改善人民生活，始终是经济建设的出发点和落脚点。

进入21世纪特别是党的十八大以来，就业被摆在了经济和社会发展的优先位置。《中华人民共和国就业促进法》明确规定，国家把扩大就业放在经济社会发展的突出位置，实施积极的就业政策，坚持劳动者自主择业、市场调节就业、政府促进就业的方针，多渠道扩大就业，并要求"县级以上人民政府把扩大就业作为经济和社会发展的重要目标，纳入国民经济和社会发展规划，并制定促进就业的中长期规划和年度工作计划"。为此，我国已先后出台了两个就业促进规划，即《促进就业规划（2011~2015）》和《"十三五"促进就业规划》。党的十九大报告提出，就业是最大的民生，要坚持就业优先战略和积极就业政策，实现更高质量和更充分的就业。近年来,针对复杂严峻的外部环境和国内经济面临的下行压力,党中央提出了"六稳"方针,其中"稳就业"是摆在第一位的。

坚持以发展为第一要务,促进经济发展与扩大就业良性互动

经济增长与促进就业之间并不存在必然的关系,但总的来说,经济增长是就业增加的前提,没有经济增长,就业的根基就不牢靠。因此,不管在什么情况下,我国都能坚持经济建设的主战场地位,不断将经济"蛋糕"做大,夯实就业的根基。

新中国成立之初,可谓一穷二白。通过实行"公私兼顾、劳资两利、城乡互助、内外交流"的基本经济政策,国民经济迅速得到恢复,就业问题也得到了比较好的解决。改革开放后,经济增长虽然有波动,但整体而言实现了持续高速增长,经济结构不断优化,而且实施了扩大就业的发展战略,扩大就业与经济发展保持了比较好的协同。

党的十八大以来,经济进入新常态,经济由高速增长阶段转向高质量发展阶段。我国继续推进经济发展与扩大就业的良性互动,在高质量发展中创造更多高质量就业机会。一是在巩固公有制经济主体地位的同时,不断发展非公有制经济。改革开放40多年来,非公有制经济从小到大、从弱到强,不断发展壮大,贡献了50%以上的税收、60%以上的国

内总产值、70%以上的技术创新成果、80%以上的城镇劳动就业，是扩大就业和稳定就业的重要力量。二是在积极推进城镇化的同时，实施乡村振兴战略。劳动力不断流向城市是大势所趋，但美丽、富饶、宜居乡村的建设，是新时代中国特色社会主义事业的重要组成部分，将极大地促进城乡两个劳动力市场的均衡发展，有效地化解城镇就业压力。三是在促进区域协调发展的同时，打造多个经济集聚中心。从改革开放之初的经济特区和沿海开放城市，到后来的中部崛起、西部大开发和东北振兴，再到现在的京津冀协同发展、粤港澳大湾区建设、长三角区域一体化战略，都在不断发挥中心城市和城市群在经济发展和促进就业中的作用。四是在巩固做强传统动能的同时，不断培育新动能和经济新业态。当今世界正处在新一轮科技革命和产业革命孕育期，新技术、新产业、新业态不断发展，它们在为经济发展注入新动力的同时，为创业就业提供了新的空间。五是在深化改革的同时不断扩大开放。我国的经济社会发展得益于对外开放，经济增长和就业扩大得益于积极参与全球价值链。

坚持实事求是，在不同阶段实施不同的就业政策

我国在制定促进就业的政策时，坚持实事求是，一切从实际出发，有针对性地精准施策，效果显著。

在新中国成立之初，中央人民政府针对当时的失业情况，采取标本兼治的措施，一方面，对国民党政府遗留下的

公职人员和官僚资本企业的职工，采取全包下来政策，以减少新的失业；另一方面，通过"统一介绍就业与自行就业两相结合"的就业方针帮助失业者重新就业。如此，城镇登记失业率从1950年的21%迅速下降到1957年的6%以下。在改革开放之初，随着大量知识青年返城，加上新增劳动力，城市的就业压力剧增。在解放思想、实事求是的大背景下，党中央提出了"三结合"的就业方针，即劳动部门介绍就业、自愿组织起来就业和自谋职业相结合。这在所有制结构上突破了原有就业政策的框架，也促成了改革开放后第一次创业浪潮的形成，有效地缓解了当时的就业压力。

进入21世纪以来，就业政策不断升级，内容不断丰富。针对国有企业改革导致的下岗职工再就业问题，我国采取了一系列措施，主要是加大国家财政对社会保障的支持力度，加强"三条保障线"。中共中央、国务院在2002年9月召开了全国再就业工作会议，并印发了《关于进一步做好下岗失业人员再就业工作的通知》，提出了积极就业政策的基本框架，希望通过职业培训、提供公共岗位、改善就业环境、支持劳动者自谋职业和自主创业、鼓励企业更多吸纳就业等，有效扩大就业。高校毕业生和农民工成为就业的"经线"和"纬线"后，积极就业政策升级扩展为更加积极的就业政策，包括推进创新创业、拓展就业新空间、强化职业培训和就业服务等。2018年中央经济工作会议提出了就业优先政策，在今年的"两会"上，就业优先政策被置顶为宏观政策，与财政政策、货币政策并列，旨在强化各方面重视就业、支持就业的导向。目前，就业优先政策正逐渐落实，全面发力，就业形势稳中有进，整体可控。

坚持改革创新，努力实现劳动力市场灵活性与稳定性的平衡

作为配置劳动力资源的机制，劳动力市场应平衡好灵活性和稳定性的关系，过度灵活和过度稳定都不利于劳动力市场有效性的发挥。

劳动力市场灵活稳定性作为一种政策性战略，旨在促进劳动力市场和雇佣双方关系的灵活化，同时提高就业和收入的稳定性。严格说来，我国改革开放前并不存在真正意义上的劳动力市场，因为劳动力资源的配置是一种行政型配置，就业是统包统配，工资是统一制定，而且由于户籍、社会保障等制度，劳动力的流动性较弱。从 20 世纪 70 年代末期开始，劳动力市场进行了一系列改革，这种改革是市场取向的，是不断增加灵活性的过程。

劳动力市场灵活性的增加，一开始在城乡是各自进行的。农村由于家庭联产承包责任制的实施，大量剩余农村劳动力得到释放，乡镇企业不断兴起，大量劳动力进入乡镇企业工作，市场在农村劳动力的配置方面不断发挥作用。与此同时，城市"三结合"就业方针的实施，非公有制和集体所有制性质的微观市场主体不断涌现，市场在城市劳动力配置

中的作用开始显现，国有企业的用工制度和工资制度的灵活性也不断增加。1993年党的十四届三中全会通过的《中共中央关于建立社会主义市场经济体制若干问题的决定》，第一次明确提出要"逐步建成劳动力市场"，后来出台的一系列改革措施，包括户籍制度改革、大学生就业制度改革、事业单位人事制度改革等，使就业的市场化程度越来越高。但劳动力毕竟不是一般的生产要素，过度灵活的劳动力市场可能会损害劳动者的合法权益。实际上，这一问题已经不同程度地出现了，比如劳动报酬占比不断下降、工资拖欠、加班过度、保障不足等。这显然降低了劳动大众的获得感、幸福感、安全感，因此，进入21世纪特别是党的十八大以来，我国出台了诸多措施，以扭转部分地区、部分行业劳动力市场过度灵活的局面，更好地实现劳动力市场灵活性和稳定性的平衡，比如2007年通过了《劳动合同法》等"三法一条例"，2015年颁布了《中共中央国务院关于构建和谐劳动关系的意见》等。

坚持教育优先发展，切实提高劳动者素质

劳动者素质是决定就业状况的重要因素，素质高者有更强的就业能力和就业岗位创造能力，同时，随着经济发展和产业结构转型升级，也需要有更多的高素质劳动者。实际上，我国在不同时期都将教育和培训列为重要议事日程，使劳动者素质不断提高，既促进了就业，又支撑了发展。

新中国成立之初，通过发展正规学校教育，举办"转业训练""扫盲班""夜校"等多种形式，劳动者的文化素质快速提高。改革开放后，教育领域的改革不断深化。40多年来，我国的教育事业大踏步前进，截至2018年，九年义务教育已经高质量普及，高中阶段教育毛入学率将近90%，高等教育毛入学率将近50%。据国家统计局初步测算，1982~2018年，大专及以上受教育程度就业人员占比由0.9%上升到20.1%，高中受教育程度就业人员占比由10.5%提高到18.0%，初中受教育程度就业人员占比由26.0%提高到43.2%，小学及以下受教育程度就业人员占比由62.6%下降到18.7%。

除各级各类正规学校教育之外，为更好地适应劳动力市场的变化，国家还采取各种措施大力发展职业教育和培训事业，将职业教育和技能培训作为预防失业、稳定就业和促进再就业的重要举措。比如今年的《政府工作报告》就提出要实施职业技能提升行动，从失业保险基金结余中拿出1000亿元，用于1500万人次以上的职工技能提升和转岗转业培训。改革完善高职院校考试招生办法，鼓励更多应届高中毕业生和退役军人、下岗职工、农民工等报考，今年大规模扩招100万人。职业教育和培训不仅提升了劳动者的专业技能，也增强了劳动者的职业精神和工匠精神。

坚持底线思维，对就业困难人群给予特殊关注

任何社会、任何时候，总有一些人群由于各种原因，就

业比较困难。如何帮助他们更好地就业，坚守就业底线，是维护社会大局稳定和全面建成小康社会的需要。

回顾过去70年，在不同阶段，就业困难人群所指可能并不一样。在改革开放初期，返城知青属于就业困难人员，后来随着改革的深化，国有企业下岗职工成为就业困难人员。再后来，"40""50"人员（40岁以上女性、50岁以上男性）、失地农民、零就业家庭中的劳动年龄人员、连续失业一年以上的长期失业人员、化解过剩产能的企业职工等，都曾是程度不等的就业困难人群。对于这些群体，我们坚持底线思维和社会政策要托底的基本要求，有针对性地制定了相关政策和措施，使他们比较好地实现就业或再就业，始终保持了较高的就业水平。

我国政府历来重视残疾人就业与创业，不仅从法律层面保障残疾人就业权利的实现，在公共政策方面也推出了各种支持和促进残疾人就业与创业的政策。新中国成立以来，我国残疾人就业经历了福利企业的发展，按比例就业的逐步推进，辅助性就业、公益性岗位就业的兴起，个体就业、灵活就业的蓬勃发展和支持性就业的积极探索，形成了丰富多样的残疾人就业形式，极大地促进了残疾人就业，帮助残疾人脱贫增收。截至2018年，城乡持证残疾人就业人数达到了948万人。

作为一个人口大国，在现代化进程当中，就业始终是一个巨大的压力，不过，解决就业问题的智慧已经存在于积累起来的经验之中。总之,新中国成立70年来的就业之路,成就令人鼓舞,经验弥足珍贵。

《学习时报》,2019年10月21日

高质量就业的逻辑

就业是最大的民生。就业包括就业数量、就业结构和就业质量,以前我们更多地关注了就业数量和就业结构,从"十二五"规划开始,就业质量被给予了特殊的强调,党的十八大报告对于就业的论述,更是以"推动实现更高质量的就业"来点题。党的十九大报告提出"要坚持就业优先战略和积极就业政策,实现更高质量和更充分就业"。就业质量被再次列为就业领域的优先目标,这也将是未来就业工作的重中之重。

作为宏观经济政策的一项重要目标,就业促进的侧重点有其阶段性。中国特色社会主义进入新时代后,继续强调高质量就业,原因有以下三点。

(1)高质量就业是人们美好生活的重要组成部分。虽然最近几年劳动力年龄人口不断减少,但就业压力仍然很大,我国城镇每年需要安排的就业人员仍然超过1500万人。不过,总的就业形势还比较稳定,无论登记失业率还是调查失业率均维持在一个比较低的水平。对多数人来说，就业领域的主要矛盾不是能否找到工作，而是对高质量工作的需求和高质量工作的供给不平衡不充分之间的矛盾。比如，每年大学生毕业季，都有很多关于大学生就业难现象的报道和讨论，其实，大学生就业难现象的背后，不是大学毕业生多了，而是与大学毕业生的预期相比，高质量的就业工作岗位偏少。因此，实现更高质量就业是化解新时代社会主要矛盾的重要内容。

（2）高质量就业是高质量发展的内在需求。党的十九大报告指出，我国经济已由高速增长阶段转向高质量发展阶段，正处在转变发展方式、优化经济结构、转换增长动力的攻关期。创新是引领高质量发展的第一动力，高质量的发展需要有强劲的创新。决定创新的因素很多，其中重要的一点是人力资本。现有的研究多关注了人力资本的生产状况对于创新的影响，比如劳动力受教育程度、教育质量等，其实，人力资本配置与创新也关系密切，而人力资本配置的一个重要方面就是就业状况，因此，就业状况与创新的关系也非常密切。低质量就业也许能推动经济的增长，但要实现高质量发展，高质量就业是一个重要前提。

（3）高质量就业是世界各国的共同追求。对高质量就业的追求，是相对较新的理念。1999年6月，国际劳工组织前总干事胡安·索马维亚在第87届国际劳工大会上首次提出了"体面劳动"的概念，指劳动者在自由、平等、保证安全和个人尊严的前提下，应获得体面、高效工作的机会。他认为，目前体面劳动是全球的需要，是最广泛的需要，每个社会的人民、家庭和社区，无论处于何种发展水平，都有这种需要。2008年，国际劳工大会通过了《国际劳工组织关于争取公平全球化的社会正义宣言》，把体面劳动从理论倡议上升为所有成员国都必须努力达成的目标。此后，很多国家都把提高就业质量列为重要议事日程。我国从"十二五"规划、《促进就业规划（2011—2015）》开始，提出要提高就业质量，这也是第一次将就业质量列入国家议事日程。党的十九大报告继续强调实现更高质量就业，这是一种实事求是、与时俱进的选择，是实现包容性增长、全面建成小康社会的必然要求。

正因为高质量就业是个比较新的理念，因此，学术界对什么是高质量就业至今仍无定论。不过，对于如何衡量就业质量，国内外学者做出了诸多努力，并有一些共识。概括起来主要有以下几个方面。一是工作的稳定性，这个稳定性不仅意味着在一个单位内部工作的稳定性，也意味着连续工作的状态，即单位可能变了，但工作一直存在，即工作在不同单位之间转换是快速而低成本的。二是工作待遇和工作环境方面，有比较高的待遇，包括工资收入和社会保障等，以及有比较安全舒适的工作环境，是高质量就业的最重要指标之一。三是提升和发展机会，包括学习和培训的机会，职位晋升和职业发展的机会等。四是工作和生活的平衡度，毕竟，对多数人来说，工作的目的是更好的生活，如果工作时间太长，工作压力太大，就会与工作目的背道而驰，谈不上什么就业质量。五是意见表达和对话机制，即高质量的就业一般都有比较畅通而有效的意见表达渠道，有健全的对话机制，即劳动关系比较和谐。近些年来，我国经济进入了新常态，并正经历供给侧结构性改革，就业压力巨大，但从前述这些维度来看，我国的就业质量整体来说还是有了明显提升，比如，各省最低工资标准有了比较大幅度的提高，2015年中共中央、国务院出台了《关于构建和谐劳动关系的意见》，对构建和谐劳动关系的指导思想、工作原则和目标任务等给出了制度性框架等。但与高质量就业的要求相比，仍有很大的提升空间。比如关于工作与生活的平衡度，我国法定的工作时间是每周40小时，最多不超过44小时，但实际上是，我国每周工作时间平均达到了46小时，即加班现象明显，而且有一定比例的加班得不到足够的补偿。特别是有些群体，不仅工作时间长，工资收入不高，工作环境差，居住环境差，而且没有加入社会保障体系，没有或很少有渠道去享受均等化公共服务。这是就业领域不平衡、不充分的典型体现。

高质量就业是人们拥有获得感、幸福感、安全感的重要保障，是逐步实现全体人民共同富裕的重要保障，因此，在决胜全面建成小康社会、开启全面建设社会主义现代化国家的新征程中，要采取切实有效的措施，推动实现更高质量的就业。

首先，要贯彻"创新、协调、绿色、开放、共享"的新发展理念，建设现代化经济体系，把发展作为第一要务，推动经济高质量、高效益发展，创造出更多更好的就业机会。既要发挥传统动能就业主渠道的作用，发挥区域比较优势，引导符合条件的劳动密集型企业向中西部地区和东北地区转移，形成更加多元化、均衡化的产业中心和就业中心，又要培育新动能，坚持创新驱动，提高原始创新、自主创新在创新中的比重，使产业迈向中高端，使创新在经济增长中发挥更大作用，真正使经济增长由要素驱动转到创新驱动，在发展的过程中优化就业结构，提高劳动者收入水平和保障水平。

其次，要实施"就业优先战略和积极就业政策"，始终把促进就业作为经济社会发展的优先目标。对此，美国的经验也许值得我们学习。美国早在1946年就出台了《就业法案》，以法律形式确保了政府有责任运用各种手段干预经济，以保证最大限度的就业增长和充分就业。美国历届政府的经济政策也一直秉持了就业优先的战略，比如在2008年金融危机后，奥巴马总统就一再申明，确保就业是经济刺激计划的"底线"，经济复苏的根本标准是就业状况的根本改善。特朗普总统的施政纲领包含"美国优先"，其中就包含"美国劳动者就业优先"。我国已先后制定了《促进就业规划（2011~2015）》和《"十三五"促进就业规划》，它们都强调了就业优先和政府对于促进就业的职责。今后要更好地统筹协调就业与其他经济变量的关系，不断丰富和完善更加积极的就业政策，使就业优先战略和积极就业政策得到更有效的实施。

再次，要补短板，对一些特殊群体要给予特殊的关注和支持。大学毕业生和农民工的就业是就业工作的经线和纬线，织牢经纬线，就业形势就能保持总体稳定。但从未来看，供给侧结构性改革以及人工智能、机器人、大数据、区块链等科学技术的发展，将会给就业带来巨大冲击，如何使改革和技术进步进程中释放出来的劳动力，更快地找到工作，提高他们的就业质量，可能更需要我们关注。在这方面，加强职业和岗位培训，提高他们的就业能力和创业能力，为他们提供更多的就业服务和创业支持，是关键措施。

最后，要构建和谐劳动关系。劳动关系和谐与否，本身就是就业质量高低的一个重要方面，高质量就业一般意味着有比较和谐的劳动关系。同时，劳动关系和谐与否，也会直接影响就业质量的变化。如果企业内部劳方和资方有比较畅通的对话渠道，员工能在公司治理中发挥比较好的作用，则可预期就业质量会比较高。和谐劳动关系的构建，有赖于劳动力素质的提高，因为素质高的劳动力具有更大的谈判能力和不可替代性，能争取到更多的权利，但从历史和现实来看，更根本的途径是，完善政府、工会、企业共同参与的三方协商协调机制，特别是要更好地发挥工会的作用。

《劳动经济研究》，2017 年第 6 期

作为宏观政策的就业优先政策

今年的政府工作报告有不少新提法和新亮点，其中一个是"将就业优先政策置于宏观政策层面"。这一新的表述，蕴含多重意义，必将带来深远影响。

就业是民生之本，是最大的民生，将就业置于优先地位，让人们能就业，就好业，这与我们党执政为民的理念是高度一致的，是以人民为中心的发展思想的具体体现。为什么要将就业优先政策置于宏观政策层面？多数的观点认为，这与当前及未来一段时间的就业压力大有关系。确实，正如李克强总理在今年人大闭幕后回答中外记者提问时所说，在中国现代化进程中，就业始终会是一个巨大的压力。根据有关测算，未来几年，我国城镇每年新增劳动力在1500万人以上，此外每年还有几百万农民工需要进城就业，要解决好这么多人的就业问题，任务的艰巨性可想而知。而且，我国经济增长速度下行，供给侧结构性改革继续推进，国际经贸环境的不确定性增加，以及机械化、自动化和智能化的加速推行，都无疑会放大就业压力。因此，动员各方面力量，更加重视就业问题，把就业摆在更加突出的位置，更好地解决就业问题，成为一项紧迫的任务。

但将就业从民生层面提升到宏观政策层面，至少还有另外一个考量，那就是经济增长。传统的经济理论认为，经济增长是决定就业的主要因素。虽然增长的就业弹性——就业增长率与经济增长率的比值，即经济增长每变化一个百分点所对应的就业数量变化的百分比——会有变化，相同的经济增长速度并不一定会带来相同规模的就业，但总体来看，经济增长是扩大就业的前提。我国在相当长的一段时间里，也是把经济增长当作首要目标来追求的。但实际上，就业也是促进经济增长和结构转型的重要力量。古典经济学家认为，劳动是财富之父，劳动创造价值，同我们现在所说的就业是财富之源，道理是一样的。换句话说，劳动就业也是经济增长的前提，就业与增长互为因果。此外，我国现在已进入经济高质量发展阶段，与高速增长阶段相比，现阶段的经济增长更依赖创新，更依赖全要素生产率的提高，更依赖人力资本红利的增加。最近20年来，我国各级各类教育得到了长足发展，劳动者受教育年限大幅度提高，人力资本存量显著增加，这是创新的重要源泉。可以预期，随着教育被定位于"国之大计、党之大计"，我国劳动者的受教育程度和技能将会得到进一步的提升。这一更高水平的人力资本存量如果能够最大可能地实现真实就业，无疑会进一步推动创新，从而提高全要素生产率,并最终实现更高水平的增长。因此,解决好就业问题,既事关民生,也事关供给侧结构性改革和经济的高质量发展。

作为一种宏观政策,就业优先政策的体系构建应该包括哪些内容呢?从目前的实践来看,至少包括以下几个方面。一是就业岗位创造政策,即支持微观主体创造更多的就业岗位。比如,根据2018年12月国务院印发的《关于做好当前和今后一个时期促进就业工作的若干意见》,未来将加大创业担保贷款支持力度,符合条件的个人和小微企业,可分别申请最高不超过15万元和300万元的创业担保贷款。二是就业岗位维持政策,即降低企业成本,鼓励企业在遇到困难时不要裁员或少裁员。比如,根据前述《意见》,对不裁员或少裁员的参保企业,可返还其上年度实际缴纳失业保险费的50%。三是就业岗位匹配政策,即促进劳动者与用人单位之间更好匹配的政策,比如降低工作搜寻成本,降低劳动力流动成本,使岗位需求信息更公平更高效共享等方面的政策。四是就业帮扶政策,即鼓励企业更多地聘用就业困难人员,比如今年的政府工作报告提出,对招用农村贫困人口、城镇登记失业半年以上人员的各类企业,三年内给予定额税费减免。五是职业技能提升政策,即使劳动者的技能不断提高和改进,以更好地适应劳动力市场变化和产业转型升级,比如今年的政府工作报告提出,从失业保险基金结余中拿出1000亿元,用于1500万人次以上的职工技能提升和转岗转业培训。如果从比较长的周期来看，职业教育乃至整个教育的改革和发展，也可看成是就业优先政策的一个重要组成部分。六是就业质量提升政策，即使就业质量随经济社会发展而不断提升，推动劳动年龄人口实现更高质量的就业，比如为了防止和纠正就业中的性别歧视，今年2月，人社部、教育部等九部门印发了《关于进一步规范招聘行为促进妇女就业的通知》，对招聘过程中的就业性别歧视表现做了具体规定，并明确要求用人单位、人力资源服务机构不得有就业歧视行为，对违背者给予相应的处罚。上述这些政策贯穿就业过程的始终，并依具体情况而不断进行调整。

将就业优先政策置于宏观政策层面，这涉及就业优先政策和财政政策、货币政策各自的地位和相互之间的关系问题。财政政策和货币政策作为传统的和广泛使用的宏观政策，具有逆周期调节的特点，即在经济比较热的时候，实施紧缩性的财政政策和货币政策，比如增加税收和减少支出，以及提高利率和收缩信贷等，以抑制总需求；在经济下行的时候，实施扩张性的财政政策和货币政策，比如减少税收和增加支出，以及降低利率和扩大信贷等，以刺激总需求。就业优先政策作为新的宏观政策，也具有逆周期调节的特点，比如在经济下行的时候，实施积极的就业政策，包括就业岗位的创造和维持政策，劳动者就业能力和创业能力的提升政策等。相比较而言，就业优先政策更强调就业在宏观政策中的优先地位，比如对经济热或冷的判断，不仅包括经济增长的维度，更包括就业的维度；财政政策和货币政策的走向及其效果的好坏，不仅要考虑经济增长速度和经济结构的变化，更要看就业状况的变化。因此，这内在地要求三大政策之间要加强协调配合，以确保经济运行在合理区间，促进经济社会持续健康发展。面对当前的经济发展态势，我国已明确要求保持宏观政策连续性、稳定性，继续实施积极的财政政策和稳健的货币政策，同时实施就业优先政策，而且，财政政策和货币政策在很大程度上也都是围绕就业来实施的。比如今年的大规模减税降费和适时降准降息等，主要目的就是要给市场主体减负，缓解企业融资难、融资贵问题，使微观主体更有活力和竞争力，创造更多就业岗位。

从就业优先政策本身的实施来看，它与财政政策和货币政策一样，也有一个在区间调控的基础上加强定向调控和相机调控的问题。政府通过设置"合理区间"来调控劳动力市场和就业，是基于经济社会发展全盘考虑后的战略选择，是针对新时期就业领域的主要矛盾和关键问题主动有所为的集中体现。事实上，在复杂多变的环境条件下，设定一个就业增长和失业率的区间目标，有利于提高政府在多重约束条件下，采取更加灵活、精准、有效、及时的宏观政策，使就业获得可持续的增长。定向调控是针对就业区间内出现的不同情景，制定清晰的调控政策，进行有针对性的预调微调，更加有的放矢、定向施策、精准发力。相机调控是根据就业状况和各类就业政策的特点，灵活机动地选择一种或几种就业政策和措施来进行调控，其目的在于防范大规模失业的风险，为实现充分而高质量的就业提供政策保障。

《光明日报》，2019年4月9日

和谐劳动关系助圆中国梦

党的十八大以来,习近平同志多次强调并阐述了中国梦的意义、内涵和实现途径。今年4月28日,他在同全国劳动模范代表座谈时进一步指出:劳动是推动人类社会进步的根本力量,幸福不会从天而降,梦想不会自动成真。实现我们的奋斗目标,开创我们的美好未来,必须紧紧依靠人民、始终为了人民,必须依靠辛勤劳动、诚实劳动、创造性劳动。我们说"空谈误国,实干兴邦",实干首先就要脚踏实地劳动。这深刻地揭示了创造性劳动与中国梦的内在联系,为中国梦的实现指明了方向。

中国梦的实现需要依靠创造性劳动

中国梦的本质内涵是国家富强、民族复兴和人民幸福,是国家梦、民族梦和个人梦的有机结合,而出发点和落脚点是人民幸福。只有每个人都为实现美好梦想而奋斗,才能汇聚起实现中国梦的磅礴力量。

梦想不断变为现实的源泉是什么？可能有很多，但最根本的是劳动潜能的释放，是每一个人都通过辛勤劳动、诚实劳动、创造性劳动来提升自己的生活品质。劳动是人类社会存在和发展的最基本条件，因此马克思主义经济学认为，劳动创造价值。但劳动能创造多少价值，又取决于很多条件，其中最重要的是劳动力的素质和决定劳动力配置、使用、激励等的制度安排。一方面，素质高的劳动力在相同的条件下能创造更多的价值，马克思所说的复杂劳动是自乘或多倍的简单劳动，大体就是这个意思；另一方面，同样素质的劳动力在不同的制度安排下所创造的价值差别很大。我国改革开放 30 多年来，财富能够像泉水一样不断涌现，达到中等收入国家水平，成为世界第二大经济体，有劳动力素质不断提高的原因，但更重要的是劳动力的配置、流动、激励等制度安排发生了巨大的正向变化，市场在劳动力资源配置中逐渐发挥基础性作用，按劳计酬、按贡献计酬的原则在收入分配实践中得到比较好的体现。2009 年，美国《时代周刊》将"中国工人"作为一个群体列为年度人物，是因为中国工人踏踏实实的劳动推动着中国经济增长和社会进步，并对全球经济发展产生了重要影响。

我们现在比历史上任何时期都更接近实现中国梦，但我国发展中还存在一些突出问题，如收入差距较大、环境污染严重等。因此，如何转变经济发展方式、实现科学发展，直接关系中国梦的实现。其中的一个关键问题就是如何使创造性劳动有更大的施展舞台，使人的潜能有更大的释放空间。因为，过去的增长更多的是要素投入驱动的增长，未来要转到创新驱动的增长。要提高劳动生产率，既有赖于人力资本的积累和劳动力素质的提高，也有赖于人力资本的释放和创造性劳动比重的提高。

自1999年高等教育大规模扩招以来，我国各级各类教育发展迅速，劳动力的素质有了明显提高，但束缚人力资本潜能释放的条条框框仍然很多。近年来多有讨论的"钱学森之问"，实际上是对我国创造性不足原因的追问。多数人认为原因在学校和教育，其实更根本的原因在于劳动，在于劳动力的配置、流动、评价、激励等仍存在诸多问题，抑制了创造性劳动。因此，要实现中国梦，就必须深化改革开放，尊重劳动、尊重知识、尊重人才、尊重创造，像习近平同志所指出的那样，让全体人民进一步焕发劳动热情、释放创造潜能，通过劳动创造更加美好的生活。

创造性劳动须以和谐劳动关系为基础

历史经验表明，一个国家在发展过程中，劳动关系大多会经历从和谐到不和谐的过程。如果处理得好，劳动关系从不和谐复归和谐，就能比较顺利地进入发达国家行列；否则，就会在相当长时间内处于发展的瓶颈期，甚至陷入中等收入陷阱。

我们讨论中国梦，很自然地会联想到美国梦。其实，美国梦实现的道路并不平坦，其中就包括劳动关系的失衡与修复。19 世纪 80 年代到 20 世纪 20 年代是美国经济发展最为迅速的时期，但也是劳资关系最为紧张的时期，工人的基本权利得不到保障，死伤事件频繁发生。特别是经济大萧条时期，物价持续上涨，工人大量失业，劳资矛盾更加尖锐。对于美国如何走出经济大危机，现在流行的说法主要是凯恩斯宏观经济学和罗斯福新政。但实际上，罗斯福新政不仅仅包括诸多经济政策，而且包括诸多社会政策。有人将这些社会政策概括为四个方面：一是联邦紧急救济署和工程振兴署的成立，使联邦失业救济成为半永久性的措施；二是全国劳工关系法案的颁布，为工会的集体议价提供了一个有保障的框架；三是通过社会保险法案，建立了第一个全国性的社会保险体系；四是通过税收法案，恢复了再分配税体系。这些社会政策较好地解决了严重的劳资矛盾，为美国经济社会稳定发展提供了保障。

我国当前的劳动关系总体是和谐的，但也存在诸多不和谐因素。其中最大的一个问题是劳动收入占比不断下降，目前已严重偏低。根据发达国家的经验，在国民收入分配中劳动收入占比是不断提高的。比如，美国的劳动收入占比从 19 世纪 70 年代的 50% 上升到 20 世纪 80 年代的 74%，加拿大从 20 世纪 20 年代的 55% 上升到 20 世纪 80 年代的 71%，英国从 19 世纪 70 年代的 45% 上升到 20 世纪 80 年代的 66%。劳动收入占比上升的一个重要原因是，随着教育培训等的发展,人力资本水平不断提高。人力资本是创新的重要源泉,如果其回报足够高,就会激发创造性劳动;否则,就不利于创造性劳动的激发。我国最近30多年来,人力资本不断增加,但劳动收入占GDP的比重不断降低,从1984年最高时的54%下降到2007年的41%。劳动收入占比的这种反向变化,意味着劳动没有得到充分的回报。实际上,我国当前劳动关系的种种不和谐,一个基础性原因就是劳动收入占比不断降低。中国梦的实现有赖于创造性劳动的发挥,这要求理顺劳动和资本的分配关系,给劳动以足够的激励,使人们能够辛勤劳动、诚实劳动、创造性劳动。

努力使我国的劳动关系更加和谐

近十几年,我国采取了很多措施推进和谐劳动关系的建设,比如,加强法制建设,全面推行并巩固完善劳动合同制,推进三方协商机制,建立健全劳动争议仲裁制度等。这些措施保证了我国劳动关系的总体稳定,但还需进一步改进创新。

在经济快速发展、社会快速转型的背景下构建和谐劳动关系,为实现中国梦奠定坚实基础,需要加强战略谋划、实践创新和工作统筹。一是可以考虑在全国人大层面设立劳动专门委员会,以更好地推动有关劳动问题的立法和执法。我国正处于工业化加速时期,工人队伍不断扩大,劳动问题大量出现。在全国人大设立劳动专门委员会,有利于在法律制度上保障劳动者的合法权益。二是进一步推进工资集体协商制度，确保居民收入增长和经济发展同步、劳动报酬增长和劳动生产率提高同步，提高居民收入在国民收入分配中的比重，提高劳动报酬在初次分配中的比重。三是更加重视发挥工会的作用。工会的产生和发展是市场经济的内在需求，没有工会就谈不上市场经济的健康发展。因为在与资本的关系中，劳动者个体先天就处于劣势，如果没有工会这样的组织，劳动者的合理合法权益就无法得到保障，从长期来看，资本的权益也会失去存在和扩大的基础。应在实践中进一步明确工会的角色和职责，更好地发挥工会在构建和谐劳动关系中的作用。一方面，继续推进"两个普遍"，进一步提高工会建会率，特别是对高素质劳动者和农民工占比较高的组织在建会方面给予更多关注；另一方面，努力使工会相对独立于企业所有者和经营者，使工会更好地反映职工诉求，代表职工与雇主进行谈判、协商。我国已建立了三方协商机制，政府、雇主组织和工人组织代表不同的利益主体，就涉及劳动关系的重大问题进行协商。还应进一步发挥社会组织和媒体的作用，监督和促进和谐劳动关系的构建。

《人民日报》，2013年7月5日

居于首位的是稳就业

根据变化了的国内外经济形势，2018年7月召开的中共中央政治局会议提出了"六稳"工作方针，即"稳就业、稳金融、稳外贸、稳外资、稳投资、稳预期"，其中"稳就业"居于"六稳"之首。一年多来的实践证明，"六稳"工作方针是有远见的，有很强的针对性，而且卓有成效，在国际经贸不确定性不断增多的环境下，我国经济仍然实现了预期的增长，就业形势整体稳定可控，脱贫攻坚战步步为营，为全面建成小康社会奠定了坚实的基础。

但随着经济下行压力的增大和人工成本的增加，有人对"稳就业"居于"六稳"之首提出了疑问，认为想办法让企业生存下去才是最重要的，为此，即使失业率适当增加也是可以的。对这种声音，我们需要有清醒的认识和足够的警惕，并要继续将稳就业置于首要位置，使人民群众有更多的获得感、幸福感和安全感。

越是在经济下行压力大的时候，越要把就业置于更加突出的位置。就业是民生之本，是最大的民生。保持比较充分的就业，也是社会稳定运行的重要前提。经济增长比较好的时候，企业对劳动力的需求旺盛，创业机会也比较多，就业问题比较好解决，政府更需要关心的可能是通货膨胀、经济结构、资源环境等问题。但在经济下行阶段，企业对劳动力的需求有可能会减少，创业机会也比较少，就业压力随之增加。如果不切实采取措施，失业率可能会有比较明显的上升，这将会带来一系列问题。今年以来，我国就业的主要指标继续保持在合理区间，根据人社部的数据，1~9月，全国城镇新增就业人口1097万，基本完成全年目标任务，三季度全国城镇登记失业率为3.61%，同比下降0.21个百分点，9月，全国调查失业率为5.2%，低于5.5%的控制目标。但就业领域的这一优异表现，并不是说我国就业压力小了，没有就业问题了，而是表明中央和地方政府将稳就业作为重中之重的工作来抓，并采取了诸多措施，效果显现了，将潜在的就业压力化而解之了。但可以想见的是，随着中美贸易摩擦不断升级、最严格的生态保护制度的实行、以人工智能为代表的新科技的广泛运用等，局部地区和部分行业将可能出现比较明显的失业浪潮，就业压力仍将像是悬在头上的一把利剑，需要提防和化解，因此，稳就业仍需要被置于首要位置。

当然，稳就业有赖于其他"五稳"的效能发挥。其中，稳金融、稳外贸、稳外资、稳投资涉及经济增长问题。虽然最终消费需求已经成为驱动经济增长的主要力量，但在现阶段，外需和投资对于经济增长的重要性仍不言而喻。根据世界银行发布的《全球营商环境报告2020》，我国营商环境全球排名继2018年从此前的第78位跃至第46位后，2019年再度提升至第31位，而随着《优化营商环境条例》的正式颁布，我国的营商环境将会更加优化，这对于稳外资、稳投资是十分重要的。由于中美贸易摩擦不断升级，外贸的不确定性将扩大，但随着进口博览会的举办、"一带一路"倡议的落地，特别是稳外贸措施的不断出台，我国外贸也呈现了比较稳定的态势。至于金融风险，应该是客观存在的，因此，党的十九大报告明确将防范化解金融风险作为"三大攻坚战"之一。但经过实施去杠杆、脱虚向实、对外开放等措施，金融渐稳。可以说，金融、外贸、外资和投资的稳定，确保了经济增长也稳定在合理区间，这夯实了稳就业的物质基础。"稳预期"虽在"六稳"工作中居于末位，但稳预期就是稳信心，而信心比黄金还贵。由于经济韧性不断增强，人们对中国经济的未来普遍信心比较足。党的十九届四中全会总结了中国特色社会主义制度的十三个显著优势，这更给人们带来了稳定的预期。总之，稳金融、稳外贸、稳外资、稳投资、稳预期的效能不断得到释放，稳就业也就有了比较扎实的基础。

稳就业是项长期任务。党的十九届四中全会提出"健全有利于更充分更高质量就业的促进机制"，这意味着，稳就业不仅要实现更充分的就业,而且要实现更高质量的就业。在经济下行压力比较大的时候,确保就业更充分可能是更紧迫的事情,稳就业就是要使失业率控制在一个比较低的水平。在经济增长形势比较好和经济发展的高级阶段,确保就业更高质量可能是更重要的事情,稳就业就是要在更充分就业的基础上不断提升就业质量,实现体面就业。这同时意味着,稳就业需要有一种促进机制,而且这种促进机制需要是长远的。经过70年的探索和实践,我国已经建立了一套稳就业、促就业的机制,包括从以人民为中心思想到就业优先战略;从财政政策、货币政策到就业优先政策;从鼓励就业岗位的创造和维持,到重视劳动者素质技能的提升等。但这套机制需要与时俱进,既要坚持,也要完善,在坚持和完善中不断推进劳动力市场和就业领域治理体系和治理能力现代化。

《学习时报》,2019 年 11 月 18 日

"五力"并举　全面强化稳就业举措

就业是最大的民生。习近平总书记在2月23日召开的统筹推进新冠肺炎疫情防控和经济社会发展工作部署会议上指出，全面强化稳就业举措。当前，应对疫情冲击稳就业，需要"五力"并举。

增强企业创造和稳定就业岗位能力。稳就业的关键是稳企业，企业稳则就业稳。由于中小微企业贡献了全部企业就业岗位的80%以上，因此，稳企业的关键是稳中小微企业。现在，许多企业已经开始复工复产，但给中小微企业一个缓冲期，仍是稳就业的重要前提。对此，国家已经出台一系列政策措施，关键是把这些政策措施不折不扣地落实到位，不能发生"梗阻"。大企业抵御风险的能力比较强，在稳就业方面应该发挥带头作用和特殊作用。一方面，充分释放"外溢效应"，带动中小微企业发展；另一方面，可以多吸纳劳动力，特别是增加应届高校毕业生招聘指标。对大企业来说，这既是承担社会责任的表现，也是储备高质量人力资本的契机。

提升创业带动就业能力。创业具有倍增的就业效应，越是发生疫情，越要发挥创业带动就业的作用。经过多年的"双创"激励，我国已经成为创业的沃土。今年新设市场主体增长情况，直接关系到就业目标的实现。为此，要进一步优化营商环境，切实降低创业的门槛和成本，降低中小微企业的经营成本，增强创业企业的活跃度，提高创业的回报率。支持多渠道灵活就业，帮助个体工商户尽快恢复营业。结合脱贫攻坚和乡村振兴战略，鼓励农民工在乡或返乡创业就业。

提高劳动力市场供求匹配能力。改革开放40多年来，我国就业规模不断扩大的一个重要原因，是不断打破劳动力市场的城乡分割和体制性分割，增强劳动力的流动性。为更好地促进社会流动，2019年底，中共中央办公厅、国务院办公厅印发了《关于促进劳动力和人才社会性流动体制机制改革的意见》。当前，除疫情严重和扩散风险高的地区外，要尽快取消对劳动者外出和流入返岗的不合理规定，通过跨区域点对点劳务协作等方式有序组织农民工返岗，进一步促进劳动力市场一体化。当然，无论用人单位还是劳动者个人，都要做好卫生防疫、体温检测等安全保障工作。同时，充分发挥网络在招聘信息发布、简历投递、面试、手续办理等方面的作用。

强化劳动者素质提升能力。疫情过后，产业结构、生产方式、生活方式、用工需求等都会发生一些变化，如城市治理、公共卫生、医疗健康等将得到更多重视，线上场景将加速对线下场景的替代，非接触型经济将快速发展等。面对这些变化，劳动者必须不断调整和提升技能。要深化教育体制和教育体系改革，更好体现就业优先战略和就业优先政策，使教育与劳动力市场在数量、结构和质量上更好匹配。同时，加大在职培训和技能培训力度，特别是对受这次疫情影响而下岗的人员或需要转换工作岗位的人员，提供专门的培训和更便捷的学习机会。

加强重点群体就业保障能力。今年我国高校毕业生人数达874万人，同比增加40万人。国务院已决定今年适当扩大研究生招生规模和专升本规模。人社部、教育部等部门采取了很多措施，通过信息网络来推进招聘和办理相关手续。尽管如此，高校毕业生就业仍面临较大压力。各高校要更加积极有为，努力为毕业生就业创造条件，同时多吸纳毕业生作为科研助理和教学助理。对于农民工，除了加快有条件的企业复工复产，还可以充分发挥城市和农村两个劳动力市场的作用，鼓励并支持农民工留在家乡就业创业，参与乡村振兴。此外，对受疫情影响的就业困难人员应加强就业援助，为他们创造更多公益岗位。

《人民日报》，2020年3月11日

突出优先战略　精准施策确保就业稳定

新冠肺炎疫情是我国全面决胜建成小康社会道路上的一个插曲，是对国家治理体系和治理能力的一次大考。全国上下积极应对，已经取得显著成效，整体疫情已基本得到控制。习近平总书记多次强调，要统筹推进经济社会发展各项任务，在全力以赴抓好疫情防控同时，统筹做好"六稳"工作，并特别强调，越是发生疫情，越要注意做好保障和改善民生工作，特别是要高度关注就业问题，防止出现大规模裁员。这为做好今年的就业工作指明了方向。

一　新冠肺炎疫情对就业的影响

就业是民生之本，是人们美好生活的重要基础。对于我国这样一个人口众多的国家，在现代化进程中，就业始终是一个需要认真面对的重大问题。最近几年，我国就业工作取得了显著成绩，城镇每年新增就业都在1100万人以上，城镇登记失业率和城镇调查失业率分别控制在4.5%以内和5.5%

以内，实现了比较充分的就业。但由于经济处于下行通道，而且国际经贸环境不确定增加，就业工作始终面临巨大压力。新冠肺炎疫情作为一个插曲，对就业的冲击不能小视。

一是增加就业的总量压力。由于新冠肺炎有很强的传染性，为了控制其扩散，我国各地一月下旬以来都实行了程度不等的封城、封村、封路措施，大量制造业企业停工停产，旅游、餐饮、电影娱乐、物流等服务业基本处于停摆状态，这使大量在岗人员不得不处于歇业之中。随着疫情趋于稳定，各级各地政府采取各种措施，使企业陆续复工复产。但企业恢复经营的程度毕竟要取决于疫情的控制程度，这注定需要有个过程。虽然第二季度以后，经济增长可能会有报复式的反弹，但相较于往年，今年就业压力有比较明显的增加，将是个大概率事件。

二是加剧就业的结构性矛盾。劳动力供给与岗位需求不匹配这一结构性就业矛盾一直存在，具体表现为招工难与求职难并存，新冠疫情将会加剧这一矛盾。一方面，根据往年的情况，一过完元宵节，特别是三四月，我国会迎来企业"招工难"的局面，不仅技工难招，就连普通工人也越来越难招。疫情的发生，限制了农民工的外出，并很有可能会改变农民工的求职行为，更多农民工会选择留在农村就业创业，从而减少城镇农民工的供给，招工难现象进一步加剧。另一方面，由于疫情的发生，高校推迟开学，很多原定的现场招聘会、专场招聘会被取消，同时，一些原本计划出国深造的毕业生选择留在国内就业等，高校毕业生求职难的程度可能会进一步增加。另外，由于疫情的严重程度在各省（区、市）之间是不平衡的，疫情轻的地方，企业复工和经济复苏会比较迅速，疫情严重的地方，企业复工和经济复苏会比较慢，这会加剧地区之间就业压力的不平衡。

三是对就业质量的提升带来冲击。这种冲击至少体现在三个方面。首先，由于疫情而推迟复工开业，很多企业为完成全年任务指标，抢回耽误的时间，有可能会要求员工加班加点，不让休假，这会影响工作和生活的平衡性。其次，由于很长一段时间很多服务类企业，比如前述旅游、餐饮、电影娱乐、物流类企业，一直处于歇业状态，没有现金流，如何维持员工待遇是个问题。对此，国家和有关部门鼓励企业灵活处理劳动用工，协商处理工资待遇，以共克时艰。这可能会减少员工的收入水平。再次，因为新冠肺炎有很强的传染性，一些地方和企业，对来自疫情比较严重地区的求职人员和曾被感染过的求职人员，可能有歧视行为，从而损害就业的公平性。

二 宏观经济政策要更加突出就业优先

疫情作为一种外部冲击，具有突发性，会对经济社会产生程度不等的影响，因此，国家会采取各种措施加以应对，以降低损失，使经济社会尽早恢复正常。比如2003年"非典"发生后，我国就采取了积极的财政政策和稳健的货币政策。在财政政策上，除给"非典"防控拨付转款外，还对餐饮、旅店、旅游、娱乐、民航、公路客运、水路客运、出租汽车等行业实行为期5个月的减免行政事业性收费政策，并对中央大型民航和旅游企业的短期贷款给予财政贴息。在货币政策上，调高了全年的货币贷款预期指标，货币供应量增长18%，贷款增加2万亿元，并要求各商业银行采取措施最大限度支持企业，特别是相关行业的生产。由于措施有力到位，"非典"对全年经济增长的影响并不是很大，而且城镇登记失业率较上一年只有小幅的上升。

与"非典"相比，新冠肺炎的波及面和严重程度要大得多，但中国现在应对疫情冲击的能力和底气也强得多，经济更有韧性，"政策工具箱"也更为丰富，实际上，我国已经出台了很多政策措施来对冲疫情的冲击。比如2月18日的国务院常务会议决定，阶段性减免企业养老、失业、工伤保险单位缴费，以减轻疫情对企业特别是中小微企业的影响，同时，6月底前，企业可申请缓缴住房公积金。而且可以肯定的是，随着时间的推进，将会出台更多的宏观经济政策，或对有关政策进行修订和完善。但与17年前相比，我国现在更强调以人民为中心，更加重视民生建设，作为民生之本的就业，被置于优先战略位置。因此，为防止发生大规模失业，更好地保障和改善民生，在制定或修订应对疫情的宏观经济政策时，要更加突出就业优先，落实好就业优先政策。

针对疫情后的经济发展，主流声音强调，积极的财政政策要更加积极，在继续给企业减税降费的同时，加大财政支出力度，为此有人甚至建议可以突破赤字率3%这一警戒线；稳健的货币政策要更加灵活有度，央行通过公开市场操作、再贷款、再贴现等多种工具为社会提供更大的流动性，降低企业的融资成本。财政政策和货币政策对经济进行逆周期调节，大的方向是对的，但在程度上如何把握，具体方向上如何确定，则需要更多地考虑就业的状况，看疫情破坏了多少就业岗位，哪些地区、哪些行业就业岗位损失更严重，同时要看实现2020年的就业目标，包括失业率和城镇新增就业，需要稳住多少就业岗位，需要增加多少就业岗位。由此考虑需要采取哪些措施，各需要多少资金投入。比如，我国新增就业超过80%是由中小企业贡献的，如果中小企业稳，就业的基本盘就能稳。但在疫情的冲击下，很多中小企业都面临生存和发展的压力。因此，给中小企业减负，降低它们的用工成本和融资成本，是宏观经济政策必须着重考虑的。但财政政策和货币政策究竟如何支持中小企业渡过难关，稳步发展，则必须结合中小企业稳定岗位和创造岗位的情况来确定。还比如，为保持经济平稳运行，今年国家会推动一些重大项目开工建设，但选什么项目，在哪里布局，也要考虑其就业带动能力。当然，年底评价这些政策的有效性如何，各地方政府的治理能力如何时，也应给就业指标赋予更大的权重。

三 加强对重点群体的就业保障

新冠肺炎疫情对不同企业的冲击不一样，同样，它对不同群体就业的影响也不同。关注就业问题，除实行普惠政策外，还要牢固树立底线思维，针对不同群体的就业，突出重点，精准施策，确保不出现大规模、群体性失业。

过去几年，高校毕业生就业和农民工就业被称为就业的经线和纬线，织牢经线和纬线，我国的就业形势就能保持基本稳定，这是因为这两个群体数量大，涉及面宽。面对疫情，这两个群体的就业仍然是必须被高度关注的。今年全国普通高校毕业生为874万人，同比增加40万人，创历史新高。国务院已经决定适当扩大硕士研究生和专升本招生规模，以缓解就业压力，同时，有关部门也出台政策大力鼓励和支持空中宣讲、网上面试等无接触招聘，通过在线办理毕业和入职的相关手续。这些措施都是非常必要和及时的。由于创业是带动就业的有效途径，具有倍增的就业效应，建议加大对高校毕业生的创业支持力度，特别是可设立由政府主导、社会参与的"公共卫生和健康创业"专项基金，对这一领域的创业项目给予特殊支持。公共卫生是个大有前途的产业，随着"新冠肺炎一代创业者"的成长和这个产业的壮大，再次发生类似"非典"和新冠肺炎这样的传染疾病的可能性也许会越来越小。由于农民工主要就业于劳动密集型产业和中小企业，受疫情影响最大。随着各地企业的复工复产，农民工将逐渐返工。但经此疫情，建议要充分发挥城市和农村两个劳动力市场的作用，鼓励并支持农民工留在家乡就业创业，以建设美丽宜居富饶新农村。

如果说高校毕业生和农民工就业状况决定我国就业的基本面的话，另外两个群体的就业状况则明显地属于兜底线和补短板，更强调就业的公平性。一个是因就业而脱贫的群体。根据《"十三五"促进就业规划》，要促进贫困人口就业，带动1000万人脱贫。通过努力，这一目标已经基本实现，但要谨防他们因为疫情而失去工作进而又陷入贫困的风险，这事关精准脱贫攻坚战和全面建成小康社会目标的实现。另一个是来自疫情严重地区或感染过新冠肺炎的人群，他们在劳动力市场上可能会受到歧视。山川异域，风月同天。建设一个包容、公平的劳动力市场，是疫情过后建设发展的应有之义。对此，要认真对待，加强监管。

《工人日报》，2020年3月16日

大学生就业难在何处

大学毕业生是国家宝贵的人力资源。但是，由于各种复杂原因，自 21 世纪初以来大学生就业越来越难，并成为社会热议的话题。促进大学毕业生顺畅就业和高质量就业，对建设人力资源强国和创新型国家，具有重要而深远的意义。

一　大学生就业难的原因

关于大学生就业难，一个颇为流行的观点认为，这是高校扩招导致的。其实，这个说法似是而非。我们曾以 23~25 岁的个体为对象，考察了大学毕业生与高中毕业生就业状况的差异。调研结果表明，对于一个大学毕业生来说，如果不上大学，其失业率会更高，劳动参与率会更低。也就是说，高校扩招并没有使个体就业状况变得更糟糕，相反，它改善了青年就业的状况。就业是一个复杂的过程，近十几年之所以会出现大学生就业难的现象，主要有以下几方面原因。

一是劳动力市场的制度性分割。虽然我国高等教育的毛入学率已达到30%，但大专及以上学历者在总体就业人员中所占的比例并不高，也就在12%左右，且在城乡之间的分布很不均衡，88%左右的大学毕业生集中在城镇就业。如果劳动力市场是充分竞争的，劳动力流动是低成本的，大学毕业生就业的难度也将大为降低。但现实是，我国劳动力市场是分割的，而且是一种制度性分割。劳动力市场被户籍等制度分割成两部分：一部分可称之为主要劳动力市场，有城镇户口，工作环境好，稳定性强，工资福利待遇较好；另一部分与前者相反，可称之为次要劳动力市场。这两个市场彼此独立，很难流动。毫无疑问，大学生毕业时肯定首选主要劳动力市场。即使不能如愿，他们对次要劳动力市场也会抱慎重态度，有的可能"屈尊"，有的则宁肯"宅着"。而主要劳动力市场的工作岗位毕竟有限，如果非主要劳动力市场不去，就业难就不可避免。因此，大学生就业难并不是数量性的，而是结构性的，是大学生追求高质量就业的结果。

二是经济发展方式的影响。十多年来，我国经济持续高速增长。为什么高增长没有带来相应的大学生充分就业？一个重要原因是经济发展方式出了问题。各国的实践证明，随着工业化和城市化的推进，产业结构也会发生相应变化，主要是第一、第二产业比重不断减少，第三产业比重不断提高。这种产业结构的不断转换和升级，要求教育机构能够提供具有相应知识水平和知识结构的劳动力，同时，教育带动的创新也会促进不同产业高质量的发展。这是一种良性的互动和循环。但我国的经济增长一直主要靠第二产业带动，第三产业发展不足。在第三产业中，又以低端服务业为主，能吸纳更多大学生就业的高端服务业发展不足。

三是大学人才培养质量的因素。虽然每年有近700万名大学毕业生，但一些用人单位仍抱怨招聘不到合适的人才，认为现在的大学毕业生动手能力不强，团队合作意识差等。高等教育与劳动力市场既相对独立，又相互影响，而且在不同发展阶段这种相互影响有着不同的内涵。经过多年的扩招，我国高等教育早已进入大众化阶段。但由于种种原因，很多高校的办学理念、课程设置、教学方法等仍停留在精英教育阶段，培养出来的学生与用人单位的需求有很大出入，这些学生在走向社会时遇到困难也就在所难免。此外，由于高等教育的大规模扩招主要是由民办院校和地方所属院校完成的，与部委所属院校相比，地方所属院校特别是民办院校的办学条件差一些，师资队伍、图书资料等方面的准备难以满足快速扩招的要求，人才培养质量就会受到一定影响。实际上，虽然我国大学毕业生初次就业率一直维持在70%~80%，但不同层次学校的差异很大，"985"高校和"211"高校多在95%左右，这同时意味着多数地方所属院校和民办院校的初次就业率可能不到60%。

四是大学生就业能力和就业观念的问题。据调查，我国有将近60%的学生认为"自身能力不足"是导致就业难的原因。我们的研究也表明，学习成绩、英语四六级证书、职业资格证书、党员身份等，都对就业概率和就业质量有明显影响。就业能力当然跟大学的教育有关，但同时跟个人的主观努力程度也有密切关系。有些学生在大学期间，时间配置不合理，几乎没有职业规划，缺乏自信，没有自己的核心竞争力。这样的学生，在激烈的求职市场中，是很难被用人单位发现和聘任的。就业观念是个更复杂的问题。很多人认为，大学生就业难最直接、最根本的原因是就业观念落后，说大学毕业生只盯着铁饭碗，盯着大城市，没有与时俱进。对此，我不完全认同。观念从来都是现实的反映，大学生之所以盯着大城市和铁饭碗，是因为在当前背景下，它们能为人们带来更多的机会和利益，这无可厚非。不过，需要引起关注的是家庭因素导致的就业观念问题。现在的大学生不少是"90"后的独生子女，家长不仅可以供养他们上大学，还可以资助他们毕业后的生活。因此，大学生找工作时可能会过多考虑家长的意愿，对工作比较挑剔。这种特殊的社会现象需要引导，应鼓励大学毕业生根据自身条件选择工作岗位。

二 缓解大学生就业难的政策建议

大学生有知识、有文化、有理想，身上积累有较多的人力资本。他们能否顺畅就业，以及就业质量高低，不仅关乎他们自身的利益和命运，而且关乎创新的源泉，关乎社会的稳定和国家的长治久安。因此，要想办法促进大学生就业。

一是实施就业优先战略，推动实现更高质量的就业。解决大学生就业难问题，需要放在国家整体就业的大框架内考虑。由于我国劳动力数量庞大，农村仍有大量的剩余劳动力需要转移，加上新增劳动力就业和转型就业，因此，就业压力将长期存在。只有整体就业得到比较好的解决，大学生就业难问题才可能得到根本缓解，否则只能是按下葫芦浮起瓢。我国"十二五"规划和《促进就业规划（2011~2015）》明确提出坚持把促进就业放在经济社会发展的优先位置。党的十八大报告再次强调了就业优先的战略，提出要推动实现更高质量的就业。应该说，在理念和顶层设计上，就业工作已得到相当重视，现在的问题是如何落实。就业优先和高质量就业，要求我们在考虑问题、制定目标、出台政策时，要将促进就业作为一个出发点和落脚点，将就业状况作为衡量一个地方发展水平和质量的重要指标之一。其中，不仅包括就业规模的扩大，也包括就业结构的优化和就业质量的提高。当前，人们对于实现一个什么样的经济增长速度有很多讨论和争论，其实，从促进就业的角度看，经济增长速度虽然很重要，但更重要的是经济增长的质量。如果经济在结构调整、质量提高方面有所进展，即使增长速度低一点，也会明显地缓解大学生就业难。李克强总理9月10日在同出席夏季达沃斯论坛的中外企业家代表对话交流时指出，"我们稳增长的目的在很大程度上就是为了保就业"，提出要"长期坚持积极的就业政策"。这是一个明确的信号，我国正在改变过去那种唯增长、唯GDP的做法，将就业优先战略逐渐落到实处。

二是打破劳动力市场的制度性分割，降低劳动力流动的成本。劳动力市场的制度性分割是人为地把不同劳动力市场的身份和福利待遇进行划分，并将其制度化。这不仅有悖效率原则，也有悖公平原则，必须改革。为此，可分三步走。第一步，完善在现行户籍制度下降低大学毕业生择业和流动成本的政策措施。近年来，国家在促进高校毕业生就业创业方面出台了一系列政策措施，如鼓励大学毕业生到基层就业政策等。这些制度和政策总的来说是有效的，但需要进一步完善落实。第二步，减少城市户籍和非城市户籍居民的福利和权利差异，从而缩小不同劳动力市场之间的制度性经济差异，其中的关键是实现公共服务和社会保障体系的一体化、均等化，以降低劳动力自由流动的成本，从而扩展大学生的就业选择空间。第三步，剥离依附于户籍上的福利和权利，从而彻底打破劳动力市场的制度性分割，真正实现劳动力的自由流动。

三是提高办学质量，使大学生有更强的就业能力和创业能力。能否为社会输送足够多的合格人才，是衡量大学办学水平的根本标准。大学生就业难，在某种程度上反映出大学教育还存在不少问题，这主要体现在办学体制和办学条件上。为提高人才培养质量，为社会输送充裕的合格人才，应在以下三个方面进行改进。第一，减少政府对大学自主权的干预。政府管得太多，全国一个模式，培养出来的学生肯定难以满足现实多样化的需求。第二，办学条件均衡化。20世纪90年代以来相继实施的"211工程""985工程"等重点建设工程发挥了重要作用，成绩有目共睹。但研究表明，如果高校之间的差异太大，可能不利于整个高校系统的创新。因此，我们一方面要加快世界一流大学的建设，另一方面对于扩招的主力军——一般高等院校更应该给予关注，因为它们承担了大部分人才的培养任务。不仅基础教育需要均衡化，高等教育也需要一定的均衡化。第三，加强对创业精神和创业能力的培养。创业具有倍增的就业效应，但我国大学毕业生中创业的比例很低。2012年教育部印发了《普通本科学校创业教育教学基本要求（试行）》，对普通本科学校开展创业教育做出了明确规定，很多学校却并没有足够重视，以为创业精神和创业能力只是企业家的事情。其实，创业精神和创业能力是现代人的一种基本素质。因此，要采取措施，将创业教育落到实处。

四是切实发挥政府在促进大学生就业中的特殊作用。促进就业是政府的重要职责，对促进大学生就业，政府更应发挥特殊作用。首先，作为用人主体，政府应扩大对大学生的直接需求，或出资为大学生购买更多的工作岗位，或通过给企业减税的方式，鼓励企业多聘任大学毕业生。由于国有企业与政府有更多的直接关系，政府可要求国有企业发挥蓄水池的作用，多雇用大学毕业生。其次，应进一步简化创业手续，在贷款、税收等方面给予更优惠、更灵活的支持，以提高大学生的创业率，并吸纳更多大学生就业。再次，加强服务和监督，严厉打击招聘过程中的欺诈行为，及时纠正性别歧视、院校歧视、户籍歧视和其他各类就业歧视行为，营造更加公平的就业环境，特别是要为就业困难大学生提供更多的支持和保障。

《求是》，2013年第20期

新挑战与新应对

自20年前高等教育大规模扩招以来，高校毕业生就业就一直是个热点问题，而且经常用"难""更难""最难"等词来形容。但实际上，每年的高校毕业生就业问题都得到了比较好的解决，可以说是有惊无险。从今年的情况来看，面临新的挑战需要有新应对和新举措。

新挑战既体现在高校毕业生的供给端，也体现在高校毕业生的需求端，而且供需两端的挑战都与中美贸易摩擦引发的外部环境变化有关。从供给端来看，今年的高校毕业生为834万人，比2018年多14万人，创历史新高。高校毕业生是宝贵的人力资源，要使其有业就、就好业，得到优化配置，就需进行更具针对性的应对，确保高校毕业生就业和整体就业形势稳定可控。

一是进一步增强经济韧性。经济增长虽然不能与就业增长画等号，但经济增长是就业的前提，因此，维持一定的经济增长速度，对于就业是很重要的。在当前经济下行压力比较大的情况下，需确保经济增长在合理区间，进一步增强经济的韧性。事实上，改革开放40多年来，我国已经历多次大的外部冲击，但都能历经风雨见得彩虹，经济已经体现了比较强的韧性。经济韧性的关键在于企业，因此，应通过财政政策和货币政策的有效组合，为增强企业活力营造比较好的环境。特别是要在做强做优做大国有经济的同时，为民营经济的发展提供更多更好的支持，包括资金的融通、税收的减免、社保缴费的返回等，因为城镇新增就业的90%来自民营经济。而且，民营经济发展好与坏，也是经济韧性高低的重要体现。民营经济发展得好，经济韧性就高，稳就业包括稳高校毕业生就业，就会有基础。

二是全面实施就业优先政策。党的十八大以来，党中央将就业置于优先战略位置，2018年底召开的中央经济工作会议，第一次提出了就业优先政策；在今年的政府工作报告中，就业优先政策得到了比较系统的论述，并被首次置于宏观政策层面，旨在强化各方面重视就业、支持就业的导向。就业优先政策的"工具箱"内容丰富，而且还在不断增多，涵盖了就业岗位的创造、就业岗位的维持、就业岗位的匹配、就业帮扶、职业技能培养、就业质量提升等。各级政府应根据劳动力市场不断变化的情况，综合运用财政政策、货币政策和就业优先政策，对就业进行区间调控、定向调控和相机调控。比如，相对于男生，女生的就业难度比较大，为此，对于那些吸纳一定数量女性高校毕业生就业的企业，就可以在税收减免、技能培训、小孩照料设施的建设等方面，给予一定的支持，以减少其雇用成本。

三是切实引导好高校毕业生的就业预期。高校毕业生的就业行为和就业结果会受其就业预期的影响，预期越高，毕业前落实工作单位的可能性就越小。一般来说，就业预期包括保留工资、就业地点、单位性质、岗位性质、户口、发展机会等，不同毕业生的预期侧重点会有所不同。现在的高校毕业生大多为独生子女，富有个性，对工作有较高的期望。因此，高校在就业教育中，应加强毕业生就业预期的教育，一方面需引导毕业生对中国经济增长充满信心，另一方面也需引导毕业生，在高等教育大众化阶段，在不确定性增多的情况下，就业预期应实事求是，有动态调整的意识和能力。

四是统筹不同区域的劳动力市场。我国区域发展是不平衡的，不同区域间劳动力市场的发展也不平衡，东部沿海、一线城市、新一线城市吸引了大部分高校毕业生。由于中美贸易摩擦对东南沿海地区经济的冲击可能会大于其他地区，因此，东南沿海的就业压力也会比较大。为此，应发挥我国空间大的优势，统筹好不同区域劳动力市场的发展，多点开花，打造更多的区域就业中心。特别是应统筹好城乡劳动力市场在吸纳高校毕业生中的作用。随着我国城乡二元分割体制不断被打破，劳动力不断从农村流向城镇，极大地促进了城市化和工业化。在这一过程中，农村也得到了发展，特别是乡村振兴战略的提出，为农业强、农村美、农民富提供了难得的机遇。乡村振兴战略的实施，需要人力资本和高素质人力资源的支撑，同时，也为高校毕业生就业提供了广阔的天地。事实上，最近几年，很多高校毕业生到农村创业就业，书写了华丽的人生篇章。

《学习时报》，2019年7月29日

让更多劳动者成为创业者

中国社科院 2008 年社会蓝皮书显示，我国就业市场的紧张主要表现在以大学及以上学历者为主的高级就业市场，高级劳动力市场就业紧张的局面应引起高度重视。蓝皮书披露，2007 年全国近 500 万名高校毕业生中，截至当年 10 月底尚有 140 万人没有找到工作。

与此形成鲜明对照的是一个被广为引用的数字，目前我国高校应届毕业生自主创业的不到 2%，而美国、日本等创新型国家大学毕业生自主创业的比例高达 20%~30%。这一数字也许有调整的空间，但客观事实是，我国大学毕业生自主创业的比例确实很低。大学毕业生尚且如此，其他群体的创业实践也理想不到哪里去。

就业是民生之本。党的十七大报告对如何扩大就业进行了专门论述，特别是提出了"促进以创业带动就业"的新思路，并要求"完善支持自主创业、自谋职业政策，加强就业观念教育，使更多劳动者成为创业者"。这是我国就业政策的重大转向，因此，我们要从内外两个方面创造条件，既要提升创业者的创业能力，又要创造良好的创业政策环境。首先，要培育和激发人们的企业家能力。创业的内容和方式各有不同，但成功的创业者有个共同的特点，那就是有比较强的企业家能力或企业家精神。

根据笔者的理解，企业家能力是一种发现并抓住机会、优化资源配置、驾驭风险、获得利润的能力。这种能力每个人都有，因为大家都会面临资源配置的问题，比如如何合理配置有限的时间资源，如何理财等。企业家能力有先天的因素，但后天培养也很重要。诺贝尔奖获得者舒尔茨在《应对处理不均衡状态能力的价值》一文中就提到了类似于企业家能力的配置能力，它与一个人受教育程度有很大的关系。

我国已连续举办过多次"挑战杯"全国大学生创业计划大赛，很多计划书写得非常漂亮，但是最后能够成功的创业团队很少，为什么？一个原因就是他们不是很了解国情。中国现在处于转型过程当中，大量资源控制在政府手里，政府是个重要的创业变量，但很少有团队能告诉风险投资者，他们有很多的政府资源或者如何利用政府资源为自己创业服务。这说明大学生的企业家能力不够高。为此，很多高校都开展了创业教育，进行KAB（Know About Business）试点。这当然是必要的，而且也有一定成效。但笔者认为，大学生创业能力不足的根源在于中小学。

大家都说美国和英国的青年创业率高，殊不知他们在中小学就广泛地开展了经济教育和商业教育,以培养人们的创业意识和创业能力。比如,美国有将近50%的高中生要选学经济和商业教育课程,英国有25%的中小学生选学经济和商业教育课程,每学期不少于五课时,经济学课程已成为仅次于英语和数学的最受欢迎的课程。2007年8月,英国政府为了配合新首相布朗提出的目标,即"给孩子更多自己的基金",颁布了一项课程改革的新措施,即中小学生从11岁开始,将学习一门名为"如何管理银行账户、如何买房"的新课程。我国中小学也有类似的经济学课程,但很长时间属于政治课。现在虽有所改变,但是高考导向使中学并没有真正重视经济和商业课程,而且教学资源和师资都严重缺乏。因此,企业家能力的培养,创业教育的开展,要从娃娃抓起,而不应仅从大学起步。另外,要为创业创造良好的政策环境。创业者调查表明,我国现在的创业环境还不理想,在全球35个国家和地区中名列第30位。为此,要从以下几个方面加以改进。

一是要疏通融资渠道,降低融资成本。现在人们创业的起始资金主要来自家庭储蓄和亲友借款,这很难满足创业的需要。为此,要增加创业融资的方式和渠道,从政策上鼓励银行为创业者和中小企业贷款,降低门槛,简化手续。同时,政府应扩大创业基金的规模和支持力度,这不仅是经济上的考虑,更应是目前阶段政府的一项重要职责。

二是要为注册成立企业提供更多便利。企业的诞生和死亡是很正常的事情，正是这种生与死的较量和循环，蕴藏着创业的契机，催促着企业家的成长。有研究表明，每千人拥有的企业数量是创业活跃程度的重要指标，数量越多表明创业环境越好，创业越活跃。发达国家每千人拥有的企业数量在 50 个左右，发展中国家在 20~30 个，而我国还不到 10 个。这与我国市场经济发展的历程比较短有关，但更与我国成立一个企业的门槛偏高以及手续偏难有关。因此，要使企业更容易涌现，就要为创业者提供更多的平台。

三是要创新政府对企业的管理方式和内容。很多企业家感到很累，重要原因是有关管理部门对企业特别是中小型企业管得过多。企业家既要面对市场的风险和压力，又要花大量时间应付上级的干预，其中一个表现是中小型企业普遍有着上缴各种费用的困扰。据中共中央党校周天勇教授的调查，我国的个体、微型和中小企业不仅没有税收优惠，而且要经常向工商、城管、交通运输、行政、卫生防疫、质量管理等十几个到二十几个政府部门和行政性事业机构缴纳费用或罚款，税负相当严重。为此，他甚至不鼓励大学毕业生去创业，因为不忍心看他们失败。可见，帮助新成立的企业，促进中小型企业的发展，不仅是它们本身发展的需要，也直接关系到创业活动的开展。对此，要改革管理体制，进行制度创新和服务创新。

四是要形成有利于创业的文化氛围。受几千年小农经济和传统文化的影响，重义轻利、耻于言利、不患寡而患不均、枪打出头鸟等观念仍根深蒂固。30年的计划经济实践又使人们养成了"等、靠、要"的习惯，厌恶风险，不敢创新，喜欢稳定的工作岗位。这些观念和文化不利于创业，要更新之，要改造之。这其中有两点需要特别指出。一是要允许、鼓励创业者、企业家先富，没有他们的富裕，也就没有国家的富裕，没有大众的富裕。这既要在制度设计上保障他们的利益，又要形成尊重创业者、企业家收入和财富的氛围。党的十七大报告提出要"健全劳动、资本、技术、管理等生产要素按贡献参与分配的制度"，"创造条件让更多群众拥有财产性收入"，这对于创业的发展壮大是很重要的。二是要给创业者和企业家足够的社会尊重，给他们通畅的政治诉求渠道，在政治上关心他们。最近召开的中华全国工商业联合会第十次会员代表大会，选举产生了新一届执行委员会，非公有制经济代表人士首次超过六成。这表明，自我创业者不仅有经济上的回报，政治和社会待遇也越来越高。这对鼓励动员更多的人参与到创业中来，也将有着深远的影响。

《中国改革》，2008年第2期

夜间经济的就业效应与发展建议

年有春夏秋冬四季，日有白天黑夜两分。长期以来，白天的经济活动是各种关注的重点，而最近，夜间经济突然火起来了，成了风口。为此，不少地方政府还出台了专门的政策，给出了具体的措施，以激发夜间经济新动能。国外夜间经济的兴起，早期是为了改变中心城市夜晚空巢的现象，我国夜间经济最近几年的兴起，则主要是为了应对经济下行的压力。但不管出于何种需要，夜间经济的发展，都能创造就业岗位，从而在一定程度上缓解就业的压力。

现在还没有一致的权威数据表明夜间经济究竟能带来多大的就业效应，但几个典型城市的数据还是多少能说明些问题的。比如，号称夜间经济鼻祖的伦敦，夜间经济直接支持伦敦八分之一的工作岗位，总计约72万个，若包括间接影响，则夜间经济总共提供了126万个就业岗位，占其就业总人数的近1/4，可谓是效应巨大。另外，根据2018年《纽约夜生活经济报告》的数据，纽约市夜生活经济在2016年直接创造了近30万个工作岗位，而悉尼目前每年夜间经济活动创造的就业岗位也超过了23万个。可以想象，若没有夜间经济的支撑，这些城市的就业压力会有多大。

夜间经济之所以有比较大的就业带动效应，原因有以下三点。一是夜间经济多为服务业，就业弹性比较高。各种研究已经证明，相比于工业和农业，服务业相同的投资能带来更多的就业岗位。夜间经济是为满足城市居民的物质和精神文化需求而发展起来的经济，是典型的服务型经济。据统计，在一线城市甚至二线城市，夜间消费已经占到了全天消费的50%以上。随着城市化的推进特别是城市群的形成，夜间消费和夜间经济还会有更大的发展。二是夜间经济形式多样，有利于灵活就业。正如前面所述，夜间经济主要是围绕城市居民的消费需求而产生和发展的，而消费需求色彩斑斓，是不断转型升级的。有满足吃、喝等方面的生理性需求；有满足交友、娱乐等方面的精神性需求；还有满足学习、健身等方面的发展性需求。满足这些需求的服务，有的需要有很高的进入门槛，有的则进入门槛比较低，比如路边支个摊，提供特色小吃等，因此，夜间经济有利于为不同的人提供就业岗位，特别是对那些难以进入单位就业的人、对那些有灵活就业需求的人。三是夜间经济作为白天经济活动的延伸，有利于延展一些经济资源的就业效应。由于一天时间被分为白天和黑夜，一些经济单位的运行时间也被分为白天和黑夜，即白天开业，夜间关门。夜间经济的兴起，不仅为满足夜间消费需求而增加了服务供给，还为更好满足夜间消费需求而使存量经济延长了服务供给时间，后者在某种意义上就是资源的"时域"配置问题。比如，在夜间经济不繁荣时，商场的开业时间可能是从早上 8 点到晚上 6 点，这就意味着商场的各种硬件投资每天只发挥 10 个小时的作用。而在夜间经济繁荣的时候，由于城市居民的消费 50% 以上是在夜间完成的，若商场开业时间延长到晚上 11 点，也就是说每天增加 5 个小时的服务供给，则理论上它是需要更多工作人员的。这就是经济资源就业效应的延展。

由于照明和交通技术的进步，人类经济活动在白天和夜间的分布变得更有弹性了。最近几年有很多研究表明，经济增长与夜间的灯光指数是密切相关的，夜间灯光越亮的地方，经济增长就越快。有理由相信，未来的夜间经济会有更大的发展，在某种意义上，繁荣发展夜间经济，也是满足人们对美好生活需要的重要途径。当前，由于经济下行压力加大，国际经济环境不确定增加，人工智能等新科技广泛运用，我国的就业形势面临新的挑战。在此背景下，我们更需要点亮夜间经济，更好地发挥其就业效应。

一是夜间经济的发展要更好地体现就业战略和就业优先政策。最近一两年，很多地方政府都出台了促进夜间经济发展的政策和措施，比如北京市印发了《北京市关于进一步繁荣夜间经济促进消费增长的措施》的通知、上海市出台了《关于上海推动夜间经济发展的指导意见》、天津市制定了《天津市人民政府办公厅关于加快推进夜间经济发展的实施意见》等。在夜间经济发展进程中，政策推动是非常必要的。但各种政策的出台，都要将就业置于优先的位置，要事先评估这些政策的实施是否能有效促进就业，以及多大程度上促进就业。需求创造供给，供给也创造需求。如果以干净整洁好管理为由，抑制那些进入门槛比较低的消费服务的供给，相应人群的需求得不到满足，不能供需两旺，夜间经济也就没有了发展的土壤，靠夜间经济带动就业和缓解经济压力的愿望就很难实现。

二是夜间经济的发展要更好地考虑所在城市的人口、产业和交通等状况。夜间经济的内容十分丰富，涉及人们需求的方方面面。不同城市的人口构成是不一样的，其需求结构和供给结构也不一样。比如一线城市，外来人口多，流动人口多，其夜间经济的性状跟二三线城市会有很大不同。具体来说，中小城市的服务消费人口和服务供给人口，很可能都居住在空间半径比较小的范围内，因此，晚间交通的要求不是很高。但在一线城市，服务消费人群和服务供给人群都很可能居住在空间半径比较大的范围内，晚间交通的要求就比较高。在这方面，伦敦的经验值得参考。据报道，从2016年8月开始，伦敦正式在每周五和周六推出夜间地铁服务，以减少夜间经济行为人的交通顾虑，从而延长了夜间经济的运营时间。

三是夜间经济的发展要更好地保障夜间经济行为人的权

益。经济因人而兴，夜间经济也因人而旺。因此，切实保障夜间经济参与人的权益，使消费者安心放心消费，使供给者安心放心供给，供需双方各得其所，就变得十分重要。亚当·斯密在《国富论》中提出政府只扮演"守夜人"的角色，这是非常深刻和有远见的。但在夜间经济需要有大发展的时代，守夜人角色的含义可能需要拓展。现在有不少地方，实行了夜间市长、夜间区长制度，以协调解决夜间经济运行中的问题。确实，现在很多组织架构和制度安排，主要是为白天经济活动而设计的，随着夜间经济的兴起，相关的组织构架和制度安排确实需要做出调整。

《中国劳动保障报》，2019年10月16日

第五篇 | **经济学家谈治学：学问靠真**

经济学家的关键词

关键词是指对表达主题内容有实质意义的词。自学术规范实施以来，绝大多数学术刊物发表文章都要求标注关键词。其作用既有利于读者直观了解论文内容，更有利于检索，这在网络时代尤其如此。

但关键词绝不仅仅在论文发表时出场，在很多场合，都能见到关键词活跃的身影。今年2月29日揭晓的"汉语盘点2007"年度关键词，就是明证。130万人投票选出的"涨""民生""油""全球变暖"分列年度国内字、国内词、国际字和国际词第一位，这折射出人们对于当今国内外大事的关心和判断。

多年前，读过汪丁丁教授发表在《读书》上的《经济学的关键词》一文，觉得甚过瘾。他不仅对经济学的关键词进行了故事式、哲理式的阐述，使广大读者比较好地了解经济学的精要，而且让人认识到：经济学文章也可以用这样一种方式来表达。事实上，关键词不仅是表征经济学的有效方式，掌握经济学的某些关键词还被认为是现代公民应具备的基本素质。比如，美国国家经济教育委员会（The National Council on Economic Education）在20世纪90年代，组织专家确定了22个高中毕业生必须掌握的经济学基本概念（关键词），包括6个最基本的经济学概念（Scarcity, opportunity cost and trade-offs, productivity, economic system, economic institutions and incentives, exchange, money and interdependence），6个微观经济学概念（markets and prices, supply and demand, competition and market structure, income distribution, market failures, the role of government），7个宏观经济学概念（gross national product, aggregate supply, aggregate demand, unemployment, inflation and deflation, monetary policy, fiscal policy）和3个国际经济学概念（absolute and comparative advantage and barriers to trade, balance of payments and exchange ratios, international aspects of growth and stability）。各学校和老师依此展开经济学的教学和学习。

一个学科仅选出20多个关键词，当然是件难度很大的事，但其价值主要是针对非专业人士，对一般公民确实是一条"经济"路径，而对于经济学家，能成为关键词的术语数量却无法统计。这意味着，即使职业经济学家也无法对所有的经济学术语都烂熟于心，无法对其运用都能达到庖丁解牛的程度。因此，选择什么关键词，就成了经济学家必须面对的问题。

　　关键词的选择因人而异，但其习得和掌握有个过程，有的人是在学生阶段特别是研究生阶段喜欢上某一或某些关键词的，有的人则是干中学，边工作边突出某一或某些关键词的地位。关键词犹如医生的手术刀，一旦形成，就会为其主人提供解释和解决各种问题的独特工具。当然，关键词也可以分为几个层次，有的是原创性的，后来得到了广泛的呼应和使用；有的是既有经济学术语的拓展，兼顾了原意和新意；有的则是与一般人理解无异的术语，但在它的主人手中被用得风生水起。这三个层面的关键词本身没有高下之分，其价值往往与它们所解释的对象相关。也就是说，是问题的重要性决定关键词的重要性，而不是相反。不管什么关键词，一个经济学家的名字总得与若干关键词联系在一起。如果说，一提起某位经济学家，就能让人想到某个经济学术语，或者，一提起某个经济学术语，就能联想到某位经济学家，也就是说，经济学家和某经济学术语能画上连线，甚至画上等号，则说明这个术语就是该经济学家的关键词，而且这个经济学家在该关键词所联系的领域做出了特殊的贡献。

　　下面举几个例子予以说明。

　　舒尔茨教授的贡献是多方面的，其中一点是对人力资本理论的贡献。人力资本理论的思想源泉可追溯到古代，比如《管子·权修》中的"百年树人"思想，作为经济学思想也可从威廉·配第那里找到萌芽，而且"人力资本"这一概念也不是舒尔茨第一个提出来的,但是他将其理论化和系统化,自他开始,人力资本理论才得到广泛运用。因此,说"人力资本"是舒尔茨的关键词是可以的,实际上,正是由于舒尔茨、贝克尔、明瑟等人的工作,"人力资本"成为经济学的关键词,人力资本理论已被广泛地运用于解释经济增长、收入分配、技术进步、国际贸易等。虽然舒尔茨教授已离我们而去了,但一说起人力资本、传统农业、穷人的经济学、配置能力等,大家还是会想到他。

科斯与"交易成本"、刘易斯与"二元经济"、斯宾塞与"信号理论"、库兹涅茨与国民收入核算和"倒 U 形假设"、科尔内与"短缺经济学"……这类经济学家与关键词的对应关系可以继续列下去。也许读者们会说,这些经济学家都是大家,有这么明确的关键词很正常。其实,对于那些不那么有名的经济学家,他们同样有自己的关键词。以我比较熟悉的 Doeringer 和 Piore 为例,很多经济学系学生也许不知道他们是谁,但在劳动经济学领域特别是劳动力市场领域,他们是很少有人不知道的。因为他们在 1971 年出版过一本书叫《内部劳动力市场与人力资源管理》,是二元劳动力市场理论进而分割的劳动力市场理论的重要著作,只要提到劳动力市场分割,人们就会将它与 Doeringer 和 Piore 联系在一起,它自然也就成了他们的关键词。

我国的经济学家也有自己的关键词,但与前述经济学家的关键词比起来,有自己的特点。上述经济学家的关键词大多具有原创性，它们一旦被提出，或经过其主人之手，就有很多跟进者，就被广为引用，滋养了很多后学，也成就了很多后学。我国经济学家的关键词，更多的是用现代经济学理论和方法解释和解决中国改革和发展中遇到的种种问题，并在此基础上修正或完善既有的理论和方法，因此，它们往往与某些经济领域联系在一起。这看起来容易，实际上也是非常困难的，因为这要求对现代经济学有很好的把握，又要求对国情有足够的了解。在当下中国，一个经济学家能在某一领域做出令人推崇的成就，使人们把他和某一或某些领域紧紧地联系在一起，并得到世界经济学界的承认，就更加困难。以前有"吴市场""厉股份"一说，说明吴敬琏教授对市场经济的阐述、对市场化改革的推进，厉以宁教授对于股份制的阐述、对国有企业改革的推进，是做出了杰出贡献的。前段时间林毅夫教授被任命为世界银行副行长兼首席经济学家，原因当然很多，但他对于发展经济学、制度经济学等的贡献是重要原因，他的"比较优势理论""赶超战略""自生能力"等是引用率颇高的关键词。最近有朋友告诉我，我的同事李实教授在国外有个雅号叫"Mr. Distribution"（分配先生），这说明他对于中国个人收入分配的研究已得到了外国同行的认可和尊重。确实，现在只要提起个人收入分配，大家很自然就会想到赵人伟、李实等经济学家，收入分配也就成了他们的关键词，这从有关文献中他们论著的高引用率可以看出。

一个经济学家的关键词被获取和应用,并得到同行的认可,是件不易之事,有偶然因素,但更需付出持续而艰辛的努力。那些得到学界认可的经济学家,无一不是十年、几十年如一日地在一个或有限几个领域辛勤耕耘,毕竟人的精力是有限的,什么问题都研究、都表态,那就无所谓关键词了。

《经济学家茶座》,2008年第2期

教授五月

今年的五月注定会载入史册。先是奥运圣火开始在国内传递，这是中华民族的大喜事，火炬所经过之处，无不彩旗飘扬，欢欣鼓舞，堪比盛大节日。特别是5月8日，奥运圣火第一次登上了地球的第三极——珠穆朗玛峰。那天我在一宾馆评审项目，休息时通过电视观看了部分登顶的过程。当看到"祥云"火炬在8844米的峰顶被点燃时，我禁不住泪流满面——为登顶的英雄，为我们的国家。哪知天有不测风云，5月12日14时28分，汶川地震瞬间将很多地方夷为平地，8万多名同胞被夺去了生命，举国悲痛。地震后的一个多星期，我几乎每天要花至少三个小时看电视、报纸、网络、博客等媒体，以更多、更及时地了解有关的消息和评论。当看到这么多人失去生命、失去家园，看到人的生命是这么脆弱而坚强，看到老师为了学生牺牲自己，看到温家宝总理第一时间赶到灾区，看到八方援助汇成强大的支持后盾，看到中华民族瞬时凝成一条心、拧成一股绳，看到⋯⋯

我一次次感动不止，泪流不止。它让人看到了真善美，大灾面前有大爱。新闻媒体及时透明不间断的报道，全国哀悼日的设立，不同兵种的协同作战，志愿者群体的作用等，彰显了公民社会的崛起和文明的进步。突发的自然灾害激发了人们的爱心和善心，也考验了现代化市场化进程中中国处理危机事件的能力。事实证明，中国政府和人民的努力已经取得了伟大胜利，并赢得了国际社会的广泛赞誉和尊重。

我特别想去灾区，为缓解当地人们的痛苦，为灾区的重建，尽自己的绵薄之力。但由于种种原因，一直无法成行，只得坚守岗位，一边心系灾区，思考灾区之种种现象和问题，一边做好自己的本职工作。

五月的工作，仍是以教学科研为主，这与其他月份无异。但五月的工作又有其特殊性，那就是要花大量时间看学位论文，写评议书，参加答辩。因为按照教育教学安排，学位论文答辩要在五月底六月初之前完成。实际上，一年十二个月，教授五月份的特殊和不同之处主要在于学位论文的评审和答辩，它使五月成为教授们的繁忙之月、学习之月和交流之月。

说繁忙，是因为教授们要看大量的学位论文。没有做过统计，一个教授一个月要看多少篇博士、硕士和学士学位论文，这要取决于教授所处的地区和学校。就我个人的体验，五月至少要看10篇博士学位论文，每本以10万字计，则达100多万字。每个人看论文所花的时间差别很大，我问过一些同行，多则一两天，少则几个小时。我看一篇博士学位论文，包括写评议书，一般是一天，有的还不止。因为虽然看过很多学位论文，也算是有经验了，但仍不敢马虎，要认真阅读，这一方面是因为要写评议书，要在答辩时提问题，不好好阅读，难以准确理解博士们的努力、工作和主张；另一方面，正如中国社会科学院张曙光教授所说，生怕落下精彩的内容，失去学习的好机会。因此，每拿到一篇博士学位论文，我都要调整自己的工作安排，尽可能保证与博士生"对话"的时间。这样十几篇论文下来，一个月的三分之一就没有了。其他教学科研任务又没怎么减，五月之忙也就可以想象了。

说学习，是因为博士论文一般在选题、方法和内容等都是当前最前沿的，阅读博士论文，是难得的学习机会。我今年所看博士学位论文，若用其关键词来标识，涉及劳动力市场、劳动力流动、收入分配、医疗保险、社会保障、职业教育、工作搜寻、小额信贷、农村低保、经济福利、艾滋病援助、数字出版等。这还是选题内容方面的，实际上，博士论文在方法、数据、观点等方面也多有创新之处。比如有一篇论文探讨劳动力流动对农村居民经济福利的影响，作者就区分了劳动力就地转移和异地转移对于农村居民经济福利的不同影响，发现前者对提高农民家庭收入作用明显，后者则明显缩小了农村收入差距。关于数字出版那篇论文，对绝大多数经济学者来说可能是陌生的，它带领我畅游了图书出版的世界，有对出版技术与出版模式演变的分析，也有对图书出版各要素数字化重构的论述，读后掩卷沉思，出版产业化、数字化是大势所趋，但路途坎坷，任重道远。有关艾滋病那篇，是一个社会保障专业博士生写的，她的研究让我初步了解了艾滋人群及其家庭的经济和生活状况，以及经济支持和社会支持对于艾滋病家庭的作用。博士论文凝结了博士生一年甚至多年的心血，其间还有指导老师的参与和贡献，因此，每一篇博士论文都有一个故事，值得解读和欣赏。此外，阅读博士论文，还使我对各学校的博士生培养风格有了大体了解。比如，有的博士论文题目很大，叙述以文字为主，间或能看见几个表格；有的博士论文题目很小，属于"小题大作"，有模型，有实证，很规范。当然这种差异，有学生个人的因素，有学校的影响，但我发现，博士论文的风格与导师的关系可能更大。导师是倾向于做实证研究的，学生也基本上会走实证的路线；若导师的工作以规范分析为主，则学生做实证的可能性则较小。因此，所谓的师承，在博士阶段是最明显的。另外，总结近10年我所看过的博士学位论文，可以说论文质量是不断提高的，特别是在方法和工具掌握上，年轻的博士生们已经达到了较高水平。这一方面说明，"弟子不必不如师""青出于蓝而胜于蓝"；另一方面说明，我国的经济学博士教育越来越规范成熟，水平越来越高。当然，这背后是我国经济学教学和研究整体水平的提高。

说交流，是因为博士论文答辩会是相关专家见面的场所，很多难得一见的专家学者往往在答辩会上得以相见，有的是老朋友，有的是新朋友。有朋自四方来，不亦乐乎？特别是，答辩会上，评委们虽会讲论文的优点，但更多的是挑毛病、讲不足、提问题。这对于学生可能很难受，但对于答辩委员，则是相互学习交流的好机会。有的委员高屋建瓴，会提方向性的问题；有的委员精于计量，会提技术性的问题；有的委员比较温和，提的问题弹性更大；有的委员比较严厉，提的问题可能很狠。就问题来说，有的属于理论和观点，有的属于方法和数据，有的属于文献和结论，有的则属于文字和逻辑，可谓五花八门，不一而论。这些问题是对学生提的，但对答辩委员也不无启发，至少我从中大受其益。比如，有一场答辩是关于家庭金融资产选择行为的，论文我很喜欢，既有新意，又规范。其不足之处在于，未能更多地论述金融市场变化和金融产品创新对于家庭金融资产选择行为的影响。有位委员说，不成熟的市场，难以产生成熟的理论。对此，我深表认同。中国经济正处于转型之中，实践是不成熟的，理论不成熟也就在所难免。从这个意义上讲，中国经济学家获得诺贝尔经济学奖的土壤确已很坚实，路途却很遥远。

《经济学家茶座》，2008年第3期

经济研究的个体性与群体性

国家自然科学基金委员会为支持基础科学的前沿研究，培养和造就具有创新能力的人才和群体，2000年出台了一项重大举措，即设立创新研究群体科学基金，计划在"十五"期间，资助100个左右的创新研究群体，使他们围绕某一重要研究方向在国内进行基础研究和应用基础研究。候选群体由教育部、中国科学院、中国科学技术协会和国家自然科学基金委员会四个部门推荐产生，被确认的创新研究群体将连续三年获得每年80万~120万元的创新研究群体科学基金。

这一举措在自然科学界引起了巨大反响，很多单位都以争取到创新研究群体科学基金资助为荣，但在人文社会科学界似乎并没有得到什么呼应，因为笔者到目前为止还没有听到有建立人文社会科学创新研究群体的做法。这一反差使我想起了经济研究的个体性和群体性问题。

只要对经济学说史有一定的了解，就可以发现，历史上有重大影响的经济学作品绝大部分是由个人完成的，至少从作品的署名上来看是这样的，比如《国富论》《资本论》《就业、利息和货币通论》等。因此，从这一点来看，经济研究更多的是一种个体行为，是个体智慧的展现。但随着经济研究的实证化，这种状况似乎正在改变。由于在某种意义上，在今天，论文的学术重要性要大于著作，因此以国际上学术水平最高的经济学刊物《美国经济评论》所载论文为例来说明这种改变。2001年第1~5期《美国经济评论》共载文187篇，其中1个人独立完成的文章41篇，其余均为合作完成，占78%。这说明，对于那些高水平的经济研究工作，群体性合作已变得越来越重要了。

最近20多年，由于经济高速增长，体制改革顺利推进，我国的人文社会科学得到了空前繁荣，经济学更是成为一门显学。据有关学者的研究，1978~1995年经济学的文献增长了25倍，在人文社会科学一级学科文献排名中处于第一位，占总文献量的31.5%[1]。但与国外相比，这种文献的大规模产出更多的是一种个体性行为，群体性研究仍然偏少。以我国学术水平最高的经济学刊物《经济研究》所载文章为例。2001年，《经济研究》共发文144篇，其中属于合作研究的44篇，占30.5%，合作研究文章所占比例仅为《美国经济评论》的39%。

---

[1] 范并思：《社会转型时期的中国社会科学——社会科学的科学计量学分析》，《上海社会科学院学术季刊》2001年第3期。

我国经济研究的群体性较差，原因很多，但有两点是可以肯定的。一是大部分研究仍停留在规范分析上，具有实证基础的研究偏少。定量化是当代社会科学研究的重要趋势，在学术创新或重大发现中处于非常重要的地位。但定量化又是一项十分艰苦细致的工作，它通常要求有社会调查甚至社会实验，工作量大，而且持续时间长。定量研究在西方社会科学研究中占5/6，但我国已发表的经济学文献中，定量、半定量研究的比例则不足20%。实际上，这既是我国经济学研究群体性不够的原因，也是我国经济学研究水平不高的重要原因。二是激励制度使然，也就是说，我国的科研体制和人事分配制度是鼓励个体作战而非群体合作。比如，有的单位明文规定，晋升高级职称的前提是必须主持省部级以上课题多少项，成果或报奖只认第一作者，津贴只兑现给项目第一负责人，等等。这些制度的实行，使每一个科研人员都想当老板，哪怕是刚毕业的博士，宁为鸡头，不为牛后，合作自然谈不上。

不过，虽然我国经济领域的研究群体还少，而且质量也不太高，但不能否认，最近十几年，还是涌现出了一些有影响的研究群体，其中给我印象最深者当推中国社会科学院经济研究所的"中国收入分配研究"课题组（以下简称"收入课题组"）。实际上，这不仅是我个人的印象，在某种程度上甚至是大家公认的。记得去年在瑞典哥德堡大学开会期间，我问林毅夫教授，国内哪些工作能算得上达到或接近国际水平，他指着坐在一旁的赵人伟教授说，他们的工作算是一个。林教授对国内和国际的经济学动态都有非常好的了解，他的看法大抵是不会错的。

收入课题组从20世纪80年代末期开始研究中国个人收入分配问题，到目前为止已先后完成两轮全国范围的居民收入分配调查，在国内外发表了一系列高水平的学术论文，以中英文出版了《中国居民收入分配研究》和《中国居民收入分配再研究》两本文集，这些成果也是国内外学者研究中国个人收入分配时引用最多的文献。现在他们正在进行第三轮全国范围的大样本住户调查。以我跟他们的有限接触和对他们的有限了解来看，该课题组之所以能称得上是创新性的研究群体，至少有以下原因或说表现。

一是有敬业、高尚的学术带头人。作为一个学术群体，必须有带头人。有的群体算得上是创新研究群体，有的则算不上；有的群体能持续发展，有的则昙花一现。造成这一差别的根本原因在于带头人。收入课题组可以说是一个持续发展的创新研究群体，这与它的带头人赵人伟教授密切相关。评价赵教授的学问超出了本文的范围，也超出了我的能力，但他的做事和做人有两点给我留下了深刻印象。第一是做学问的严谨。他曾经提及过"百十一"的比例关系，意思是看一百篇文献，也许只有十篇有用，但最后真正能引用并列入参考文献的也许只有一篇。这与时下有些人连文章都没看过却望文生义地将它列入参考文献的现象形成鲜明对比。第二是做人的高尚。这突出表现在他对其他人学术贡献的尊重，在他与其他学者主编的最终成果中，不仅每一章都署上作者的名字，而且还规定，谁的贡献大谁的名字就放前面。正是赵教授的这种为人处事原则，使课题组的各位成员能历十多年而仍团结合作，共同前进。

二是有国际视野。谈及学术研究的国际化，赵人伟教授曾概括为四句话，即"资金国际化，成果国际化，立足国内，常来常往"。他是这样说的，课题组也是这样做的。到目前为止，课题研究所需资金绝大部分是从有关基金会或国际组织获得的，而且除最终成果——两本文集在国外出版外，还有不少研究论文发表在国际顶尖的学术刊物上。特别值得一提的是，课题组采取国内外学者合作的方式，从第一轮研究开始，中外学者就在课题申报、问卷设计、研究开展等各个环节相互贡献智慧，外方成员不断地到中国来，中方成员则经常到国外去。通过这种常来常往，中外学者加深了相互了解，相互学习，扬了各自的长，补了各自的短。特别是，由于有了国际意识，他们能及时地跟踪了解国际学术发展动态，提升研究水平，而且，能使有些成员走向国际，成为国际性学者。

三是以实证分析为基础。我国有关收入分配的文献可谓不少，但绝大部分属于规范分析，可划归实证分析的很少。而收入课题组的研究成果却绝大部分是以实证分析为基础的。虽然各个成员在运用实证分析方法和工具方面的能力有差别，但他们相互合作，共同开发同一数据库，先揭示出中国的个人收入分配是什么样，再提出应该怎么样。因此，与只做规范分析的文献相比，他们的研究具有两个突出特点。（1）对有些问题的讨论更深入，更可信。比如对于收入差距问题，他们不是简单地说太大或太小，而是用各种指标加以量化，而且运用结构分析法，揭示出各种因素对于收入差距变动的贡献。显然，这种研究更科学，也具有更直接的政策含义。（2）更容易走向国际。规范分析包含太多研究者的主观判断，即使具有相同文化背景的学者之间有时都难以相互沟通和理解，自然地，要得到国际学术界的认同和接受也就更难。而实证分析所用的方法和工具具有国际通用性，也就是说，学者思考和研究赖于进行的平台更易于接轨，所以，该课题组的成员及其成果也就自然地更容易得到国际同行的承认。

四是重队伍建设。赵人伟教授经常讲，我国现在正面临三种转型，即经济转型、经济学转型和经济学家转型。经济转型决定着经济学和经济学家的转型，但经济学家转型对经济和经济学的转型具有重要的推动作用。由于过去长期与国际经济学界交往很少，我国经济学家的知识结构、现代经济学素养、工具运用等都存在明显的不足，收入课题组的有些成员在20世纪80年代末期甚至连计算机都没有接触过。因此，该课题组从一开始就把人才培养放到了重要的议事日程上。除了把国外的经济学家请到国内来"传经"外，还派主要成员到国外的大学去学习。这样做的效果是很明显的，其中的一个重要表现是大部分课题组成员都已成为收入分配领域的专家，比如第一轮研究即参与其中的朱玲教授和李实教授，已经是我国研究贫困和收入分配问题的重量级经济学家，在国际上也有一定影响，后者还成为第三轮研究的中方主持人。此外，参与了课题研究且取得突出成绩的学者还有：张问敏、张平、魏众等。这样，就比较好地实现了课题组当初的设想：老、中、青三代人联合作战和连续作战，共同推进前述三个转型。

创新是一个民族的灵魂，是一个国家兴旺发达的不竭动力。其实，创新更是学术研究的灵魂和学术发展的不竭动力。我国现在正处于一个伟大的时代，经济学的跨越式发展有着非常良好的土壤。这有赖于经济学家的个体努力，也有赖于经济学家的群体努力，因此，我衷心地希望我国经济学界能涌现出更多的创新性研究群体，毕竟，经济研究的群体性正在变得越来越重要。

《经济学家茶座》，2003 年第 2 期

学问靠真

赵人伟先生是我在中国社会科学院研究生院攻读博士学位时的指导老师，相识相交至今已近20年。最近一段时间我一直有种冲动，想写点东西，说说我师，因为他身上有很多东西非常值得我辈学习、借鉴和光大。说来又这么巧，他2007年6月送我一本刚出版的新书《紫竹探真——收入分配及其他》（上海远东出版社，2007年4月版），其中的文章虽大多已拜读过，但换一个时间，换一种心境，重新读来，仍有很多新的感受和体会。

世人知道先生多缘于他对收入分配理论的贡献。确实，最近20多年，先生及其团队对收入分配问题倾注了大量心血，取得了一系列开创性成果。就我的理解，先生对收入分配理论的贡献可以从下面几篇文献中得到体现。

一是发表于1985年的《劳动者个人收入分配的若干变化趋势》。该文对传统体制下工资和价格基本双冻结给不同时代人所产生的不同效应进行了实证分析。在正常情况下，劳动者一生中的劳动贡献是呈抛物线状态的，即在工作起点时贡献较小，壮年时达到高峰，到老年时又有所下降。相应地，个人收入也呈抛物线分布，年轻时较低，中年达到最高，而后有所下降。若此，工资冻结对不同年龄的人影响是不一样的。从1956~1976年，工资基本没有上涨，这对20世纪50年代末期即参加工作的人来说，意味着拿了20年年轻时的工资，而这个年纪的人一般都上有老下有小，其生活和生存状态可想而知。从这我们也就可以理解刚改革开放时中年人（比如电影《人到中年》的主人公陆文婷大夫）所面临的尴尬，以及当时为什么有"英年早逝"一说。先生跟我说过，这篇文章的构思既是他这一代人亲身经历的一种提炼和总结，也受到当时东欧经济学家实证分析的启发。但这种实证分析是没有数据支持的，是一种理论实证，被认为是"实证非实证"。尽管如此，它仍然得到了经济学界的肯定，在某种意义上，它也是收入分配研究从"拨乱反正"到实证分析的一个转折，因此获得了1986年度的孙冶方经济学奖。

二是发表于1989年的《市场化改革进程中的实物化倾向》。实物化是自然经济的表现，也是高度集中的、以实物指令为特征的传统计划经济的表现，在实物化下，不仅货币的作用得不到充分显现，资源的配置也得不到优化。因此，我国改革的方向是去实物化的，是市场导向的。先生注意到，改革开放已进行了10年，但实物化倾向仍很严重，不仅存在于分配领域，也存在于生产、交换和消费领域，文章对其表现、原因和弊端进行了深入分析。据我所知，这篇可用"实事求是"和"深刻"来形容的论文在当时还受到了一定的冲击，可见探真之不易。近20年又过去了，先生当时所揭示的实物化现象，比如福利性消费、"单位"内部配给、公买私享等，在我国现在的社会生活中仍程度不等地存在，也可见改革之不易。

三是先后出版于1994年和1999年的《中国居民收入分配研究》（中国社会科学出版社）和《中国居民收入分配再研究》（中国财政经济出版社）。这两本书是集体之作，但先生作为课题主要负责人，无疑凝结了大量心血。可以说，它们是里程碑式的著作，见证了收入分配研究范式的转变，也见证了中外学者如何成功合作研究中国式问题。1987年，美国福特基金会开始在中国设立办事处，并计划资助国内的一些经济研究。先生承担了一个自己思考研究了很久的课题——"收入分配"。但这项研究从一开始就与众不同，除经费来自国内的国家哲学社会科学基金和国外的福特基金外，研究队伍也是国际化的，牛津大学玛林达学院院长基斯·格里芬、牛津大学经济系主任约翰·奈特、哥伦比亚大学东亚研究所教授卡尔·李思勤等均加盟进来了。他们没有像其他很多课题组那样把钱一分，每个人承担一部分，最后把成果汇总在一起了事。他们把大部分经费用在了数据收集上，进行了中国研究机构当时最大的一次付费入户调查，而且后面连续进行了几次。有中国的数据，又采用了国际通用的方法，因此，他们的成果一发表，就引起了强烈反响，就被认为是研究中国收入分配的创新之作。现在国外，研究当代中国收入分配问题的许多论文都要引用这一课题组提供的数据。一开始就参与课题研究、后主持完成了第三次全国住户调查的李实教授介绍说，他们的数据在国际上甚至有了一个专有名词 CHIPS（China Household Income Projects）。一项研究能造就一个国际通用的专有名词，这不是靠花钱、靠公关就能获得的，靠的是质量、原创和不可替代。其实，先生负责的课题组不仅出了很多有影响的学术成果，获得了国际声誉，还培养了很多人才。多年前，我曾撰文呼吁要加强学术团队成长发展规律的研究，今天仍觉得很有必要，而且我认为先生所在团队是最值得研究的社会科学研究团队之一。

四是发表于 2006 年的《中国居民财产分布研究》。收入分配有两种理论：一种可称之为功能性收入分配理论，它回答的是国民收入在各要素之间的分配，比如工资、利息、地租等；另一种可称之为个人收入分配理论，它回答的是国民收入在不同人群之间的分配，比如最高十等分人口占收入的比例等。从收入分配理论演变的角度看，是先有功能性收入分配理论后有个人收入分配理论的，这符合人们对收入分配的关注史，因为在以前，要素占有的界限是很清晰的，工人得到工资，资本家得到利息，地主得到地租，他们之间的收入是你多我少的关系。但自 20 世纪中叶以来，要素的占有界限变得模糊了，因此，人们更少关注收入来源，更多关注不同阶层得到了多少收入。新中国成立后的分配关注史恰好相反，由于除劳动外，能带来收入的其他要素都公有化了，对要素收入的研究自然也就意义不大。但改革开放后，各要素有越来越私有的趋势，要素多少已经成为决定收入多少的重要变量。赵先生及其团队顺应这一趋势，开始了对财产分配的研究，认为经过20多年的改革开放，财产分配方面的不公已经达到了不得不令人警觉的地步，并进行了实证估算。这是收入分配研究的自然延伸，也说明先生研究视角的敏锐和对时代发展的准确把握。

当然不止这些，但这些足以让人们从一个侧面了解先生对收入分配的探真过程。这一过程有很强的历史感和时代感，充满着艰辛，也充满着快乐，这种快乐很容易从先生童真般的笑脸上捕捉到。

读着先生的书，感受着先生的睿智，慢慢地体会着先生学术成就背后的治学精神和治学态度。这集中体现在书中的第三、第四、第五部分。这些文章可算是随笔，却最能体现真性情，听说，出版社的编辑也最喜欢这些思想性和可读性俱佳的篇章。概括起来，支撑先生治学的有下面几点。

尊重传统。传统是一种历史，对历史的尊重是一种态度，这种态度会给人们源源不断的养分。先生非常强调这一点，主张要有古今沟通，古今一沟通，就会有新的发现。比如，对于"百年树人"，如不去看它的出处，仅从字面出发，很容易理解成培养一个人很不容易。但若查看原文，就会发现它蕴含着人力资本思想，不仅讲成本，还讲效益，因为原文是这样的："一年之计，莫如树谷；十年之计，莫如树木；终身之计，莫如树人。一树一获者，谷也；一树十获者，木也；一树百获者，人也。"这"树"与"获"的关系，就是"投入"与"产出"的关系，"百年树人"的意思是投资人能得到长期的回报。于细微处发现和阐述现代经济学思想，既显示出学术的功底，也是尊重传统的回馈。

先生对传统的尊重不仅表现在对历史文献和历史事实的尊重上，还表现在对前辈的尊重上。他在1957年大学一毕业就被分配到了中国科学院经济研究所工作（1977年以后属中国社会科学院），自然，有机会接触到很多前辈和领导。他对顾准、巫宝三、孙冶方、薛暮桥、骆耕漠等的回忆，既告诉读者这些前辈鲜为人知的一面，更使我们感知到了前辈们为人、为事、为学、为官的态度和精神。他们在处理经济人和道德人的关系、做学问和做人的关系、追求学术真理和追求人生真谛的关系方面所体现出来的艺术和境界，在当时影响了先生这样的一代人，在今天更具有特殊的意义。我知道，先生谈前辈，是没有功利的，完全发自内心，并希望一代比一代更好。他说："既不要忘记历史，又不能纠缠历史，才能更好地创造历史。"这就是先生的传统观、历史观。

国际视野。自20世纪90年代中期开始，我国学界越来越认识到，本土化、实证化和国际化是人文社会科学研究的大势所趋。但国际化谈何容易？由于特殊原因，先生直到近50岁才由孙冶方先生推荐赴英进修，我们可以想见，留学之路是何等的艰难。他曾给我讲过，出国学习要克服三种孤独（isolation），即家庭孤独、语言孤独和文化孤独，前两者容易克服，文化的融合是最难的。即使在今天，这三种孤独也是横在每一个负笈留学者前面而难于很快克服的，何况在国门初开的时候。先生学到了国外先进的知识，也顺便培养和带回了国际视野，并将它贯穿于后来的学术研究中。他对我们要求："立足国内，常来常往，资金国际化，成果国际化。"他这样要求我们，自己也是这样做的，这突出表现在"中国居民收入分配研究"课题组的运作上。很难想象，没有国际资源，课题组能否展开多轮全国性的住户调查？没有国际学者的介入，课题组能否这么快地掌握国际通用的研究手段和方法？没有常来常往，课题组的中方成员能否成长发展这么快，论文一篇篇在国际学术刊物发表，频频在有关国际论坛上发出中国的声音？实际上，直到先生在世纪之交退休后不久，还申请承接了福特基金会课题"中国的经济转型与社会保障改革"，并为此课题专门去瑞典和匈牙利进行考察和学习，同名书于2006年在北京师范大学出版社出版，并入选国家新闻出版总署首届"三个一百"原创图书出版工程。

不断创新。创新是学术的生命，没有创新，学术也就无从积累和发展。记得我在1994年入中国社会科学院研究生院读书时，师兄们跟我说，社科院的学术传统是不重数量而重质量，论文要有创新，"不管是一大步，还是一小步，总得推进学术研究一步"。这与写在院办公楼里"自加压力，自成一流"八个字一样，给我留下了深刻印象。在创新方面，赵先生可算是社科院的一个代表。其创新不仅表现在有关研究成果中，表现在不断超越自我与时俱进的努力中，难能可贵的是，先生还专门撰文谈如何创新。他在1994年接受《社会科学报》记者采访时，就经济学科如何创新谈了自己的意见，其中对建立研究成果的科学评价机制的论述可谓切中要害，因为时至今日，这仍是制约学术创新的一大障碍。他说："对于一项经济研究成果的评价，主要应看它对经济运行是否作出了规律性的分析和解剖，而不能仅看它的某些提法和用词如何。在80年代中期，曾有人对于争'有计划商品经济'的发明权很感兴趣；90年代初中期，又有人对争'社会主义市场经济'的发明权很感兴趣。对于这类研究成果的评价，在我看来，不能只看某个提法是否应时，而主要应看对经济改革的目标和转型问题（不论是总体问题还是局部问题）的研究作出了什么实质性的贡献。"诚哉斯然。

自由探索。先生在担任中国社会科学院经济研究所所长后，在全所大会上专门就办所方针问题谈了自己的意见，这以"治所与治学"为题被收进书中。其中写道："学术发展的一个重要条件是要有一个学术自由的环境和气氛。"并引用马克思的话说："你们赞美大自然悦人心目的千变万化和无穷无尽的丰富宝藏，你们并不要求玫瑰花和紫罗兰发出同样的芳香，但你们为什么却要求世界上最丰富的东西——精神——只能有一种存在形式呢？"确实，做学问是要有自由探索的精神的，要不唯上，不唯书，而唯实。陈寅恪先生在1953年撰文评价陈瑞生的《再生缘》时说："无自由之思想，则无优美之文学。"同理，无自由之思想，也就无优美之经济学。赵先生对跟风式的研究很不以为然，认为当下中国经济学界太功利，在有些人眼里，名和利是目的，学问成了手段。他特别反感学者对权贵的依附，并经常给我们讲老一辈学者是如何淡泊名利、淡泊权力的。给我印象深刻的是先生对语言学家丁声树先生的推崇。丁先生在20世纪50年代已是一级研究员，是语言学界的权威，但一直住在三里河一普通干部宿舍里，期间虽多次有机会分到部长级的房子，但都被他谢绝了。这种淡泊的境界是保持自由之心灵的前提，自然也是做好学问的前提。2006年8月，先生被授予中国社会科学院荣誉学部委员后，我曾打电话给他表示祝贺，电话的另一头，先生语气平静，并没有显现出多么喜悦。我知道，经历过这么多的阳光和风雨，他对身外的功名利禄已经看得很淡了。

最后，我想借用先生在《紫竹探真——收入分配及其他》封底上的一段话作为本文的结尾：研究的灵魂在于探索，研究者的天职就是探索。如果没有探索，研究和研究者的生命也就完结了。

《经济学家茶座》，2007年第4期

忆陶大镛先生

今年是陶大镛先生诞辰100周年，我很荣幸受邀参加今天的座谈会，在这里和大家一起缅怀这位著名经济学家、教育家和社会活动家。陶先生在北师大工作半个世纪，是北师大经管学院的创始院长，并且长期担任名誉院长。作为先生生前工作单位的代表，我怀着十分崇敬的心情和大家一起追思先生在北师大经管学院工作期间的奠基性贡献。

先生是我国世界经济学科的主要奠基者之一，年过花甲之际在北师大主持建立了全国师范院校中第一个政治经济学系，30多年来他一直是北师大经管学院发展路上的引路人，先生孜孜不倦、追求真理的精神风范永远激励着我们不断前进。我想用四个"一"来介绍先生对学科发展和经管学院的重要贡献。

一是"一个学科"。先生是我国最早一批研究马克思主义经济学和政治经济学的学者，尤其是在世界经济研究方面，他的《世界经济讲话》和《世界经济与独占资本主义》

是目前能检索到的我国学者有关世界经济的最早专著,他对世界经济的基本概念、研究对象、研究方法和基本问题、发展趋势的阐述为这一学科的建立做出了开创性贡献。中国世界经济学会首任会长钱俊瑞先生曾说,"陶大镛先生是我国最早提出并从事世界经济学的创始人之一"。1980年,中国世界经济学会成立时,先生被推举为副会长;1981年学位制度建立后,先生被国务院学位委员会聘为全国首批博导之一,方向是世界经济。也正因为在学界的重要影响,先生参与了国家哲学社会科学和经济学科发展规划的制定工作,还担任第一、第二届国务院学位委员会学科评议组成员。这些不仅使北师大经管学院成为为数不多的最早拥有博士学位授权点的单位,使其世界经济学科始终位居全国前列,而且也提高了北师大经管学院的整体学术声誉,带动了政治经济学、国际贸易学、国际金融学等其他学科的发展。

二是"一个学院"。先生早年在国内外积极从事进步文化活动,先后在中山大学、交通大学、四川大学、北京大学等任教,27岁即升任教授,被称为"老教授里的少壮派"。1954年,先生受聘北师大,并担任政治经济学教研室主任,为政教系第一届学生讲授政治经济学。1979年,先生虽年过花甲,授命筹建北师大政治经济学系,他忘我工作,很快建立了全国师范院校中第一个政治经济学系,树立了标杆。在他的带领下,政治经济学系不断发展壮大,从政治经济学系到经济系、经济学院,再发展到今天的经管学院。在教育部最新一轮学科评估中，北师大理论经济学并列全国第五，成为我国经济学人才培养和科学研究的重要基地。可以说，北师大经管学院和经济学科发展壮大的每一步，都离不开先生的引领和指导。

三是"一支队伍"。先生从教 60 多年，1981 年就成为我国首批博士生导师，但他一生只亲自指导了 6 名博士生，这反映出他求真务实的严谨治学精神。据先生指导的学生回忆，先生年过八旬仍然坚持逐句逐字批改论文。实际上，还有很多学界同人以及北师大经管学院的老师虽然不是先生挂名指导的博士或硕士，但成长和发展都离不开先生的提携和指导。比如我自己，我留校工作以后，有几年春节先生都会约我去他家里，聊他成长中的故事，聊他对现实中很多问题的看法，聊他对青年人的希望。有一件事我至今记忆犹新，20 世纪 90 年代中后期，知识经济逐渐在西方发达国家兴起，有一次先生打电话给我，跟我探讨知识经济的含义及其英文表述，后来在他 80 大寿庆典上，他专门以知识经济作为新生事物为例，讲了如何活到老学到老的事情。先生的言传身教，以及他对"学为人师，行为世范"北师大校训精神的践行，影响了经管学院的几代师生。

四是"一种精神"。一个人要成就一番事业，为他所在的领域，为社会、为国家，做出或大或小的贡献，总需要有种精神，才不会为某种暂时的利益所诱惑，才不会为某种一时的困难和挫折所吓倒，不忘初心，方得始终。先生的家国情怀，不唯上，不唯书，坚定理想信念，把学问做在中国大地上，不断学习新理论、新知识、新方法，堪为后辈楷模。我想借用先生弟子们写给先生的挽联作为我发言的结尾，"终生治学垂典范，一世耕耘传清风"，虽然先生离开我们已近8年，但先生的精神却永远留在我们的心里，他的殷殷教诲也将通过北师大经管学院师生的代代追慕而永久流传！

《群言》，2018年第5期

科尔内的价值与智力外流

说贝克汉姆是足球明星和巨星是能够得到多数球迷认可的，因为他在英国国家足球队和皇家马德里足球队的地位几乎不可动摇，有关他及其妻子维多利亚的新闻更是充斥大小报刊。但前几天看新浪网体育新闻得知，英格兰足球名宿布切评论说"现在的小贝对英格兰队而言，起到的作用基本为零！"对如此人物做如此评价，让人耳目一新，也让人震惊。

不过这种"耳目一新"和"震惊"于我却不是第一次。记得2002年10月我和中国社会科学院的赵人伟教授、张凡女士就社会保障问题对匈牙利进行了为期一周的访问，接待我们的是科尔内的学生、中欧大学经济系的米哈依教授。有一次米哈依教授请我们吃午饭，席间我问他科尔内在匈牙利经济学界是不是有着特别高的地位，出乎意表，他的答复是"almost zero"（几乎为零），与布切对贝克汉姆的评价如出一辙。大家可以想见，我当时是如何的震惊。一方面，学生对老师做这种评价在我国会被认为是极不尊重的,因为在我国的文化里有"一日为师终身为父"的传统,即使学生确实认为老师没有地位,那也是不足为外人道的。另一方面,我在读研究生的时候,系里开设了一门课"《短缺经济学》研究",而且是一学年,因此,我是读着科尔内的书成长的,对科尔内非常崇敬。事实上,不仅是我,国内很多经济学人都对科尔内有着特殊的感情。正是带着这份崇敬和感情,我还专门到布达佩斯的街边书店买了一套匈牙利文的《短缺经济学》以作珍藏。因此,当听到我心目中的经济学大家在其祖国的作用几乎为零,而且这还是从其学生口中说出的,怎么会不感到"耳目一新"和"震惊"呢?

我问米哈依他何以做如此判断,他的解释也给我新鲜之感,并觉得有一定道理。他说,科尔内是个国际性经济学家,论文以在国际上发表为主要目的。而国际上很多刊物对匈牙利的情况并不是很了解,因此,为让编辑和匿名评审人理解科尔内的论文,他在文章中必须做很多铺垫,而这些铺垫在匈牙利经济学家看来却是常识性问题。正是从这个意义上说,科尔内并没有给本国经济学家以很多创新的贡献,而创新是学术研究的根本和灵魂。看来,米哈依是以纯学术标准来衡量一个人的学术影响的,而不是以知名度和上电视等媒体的次数论英雄。

撇开此案中的具体人物不谈,其中涉及的问题是很值得玩味的。这就是发展经济学中所论述过的一个重要命题,即智力外流（brain drain）。智力外流在20世纪60年代是个非常吸引人们关注的话题，政府关注，学者也很热衷，因此产生了很多很好的模型，发展经济学教科书则几乎没有不辟专章或专节论述的。但这一问题并没有随人类智力投入的增加而有减缓的趋势，相反，随着经济全球化和要素跨国流动的增加，智力外流问题已变得更加严重，有人甚至用"失控的国界"来形容。根据国际劳工组织（ILO）2000年的报告，目前有150万名来自发展中国家的技术工人在西欧、美国、日本和澳大利亚谋求发展。在获得博士学位的外国留学毕业生中，超过70%的人留在了美国，许多人最终成为该国公民。当然，人才外流也并非都是坏事，至少它可带来大量的外汇收入。世界银行的统计数字显示，移民劳工每年汇回来源地的资金约合800亿美元，为发展中国家外汇收入的第二大来源。但从根本上来说，智力流出国还是要承受更大的损失，否则，欧美等国家也不会这么费心费力去吸引并留住外来人才。

智力外流有两种形式：一是在本土接受过高等教育的人才前往国外工作；二是一些专家学者人留在国内而大脑迁移到国外。前者被称为"有形的智力外流"，后者被称为"无形的智力外流"或"内在的智力外流"。显然，科尔内属于无形的智力外流。

在我国，有形的智力外流可谓是有目共睹，而且也引起了人们的深切关注，有关的数据和讨论经常公诸报端，但无形的智力外流似乎并没有引起人们的足够重视。其实,依我看,"科尔内现象"更值得我们关注和忧虑。某教科书在论述这种智力外流时的一段话给我留下了深刻印象,书中写道:"国内科学家、医生、建筑师、大学教师等不去思考和研究本国急需解决的实际问题,而热衷于国际最先进的技术和学术成就。比如,一些经济学家热衷于研究和讲授与本国经济发展毫不相干和根本不存在的高深竞争经济学模型,而对本国目前面临的贫穷、失业、农村发展和教育等领域存在的现实问题的研究则毫无兴趣。"比照我国,情形又何尝不是呢?这里我不想以科学家、大学教师等群体为例,而想拿学生说事。很多大学生(包括研究生,甚至有越来越多的中学生)一心想到国外学习和工作,因此在校期间大部分课余时间用在了外语和外国政治经济文化的学习和了解上,结果,有些学生对英语比对母语的掌握还好,对美国的地理历史比对我国的地理历史更了然于心。以出国为导向的学生,若天如人愿真的被国外的大学录取,这毫无疑问属于有形智力外流之列;若没有实现出国的目的,毕业后留在了国内,他又能干什么事呢?可以想见的情况有几种:一是边工作边学习,不达目的不罢休,这种工作的效率可想而知;二是放弃出国念头,全身心在国内工作,但由于在学期间花费了太多的时间和精力在外语上,专业以及其他相关知识的学习肯定要打一个很大的折扣,因此,其工作的效率也不可能达到潜在最佳。

智力外流不仅存在于国与国之间，在一国内部也存在类似的问题，比如地区之间和企业之间的人才流动问题。地区之间的智力外流突出表现在西部人才不断流向东部沿海地区。在中国科学院最近举行的局所级领导干部岗位培训班上，一位西部地区研究所的负责人向大家提起了一件烦心事：该所一位"百人计划"入选者放弃所里给的价值27万元的房子，执意要到北京发展，理由是如果孩子有北京市户口，将来考大学就能享受100分的优惠。该所负责人可能没有兰州大学负责人心烦，兰州大学在20世纪80年代末被美国权威学术刊物《科学》列为中国最著名的13所大学之一，但最近十几年"孔雀"大量东南飞，致使兰大在中国大学的排行榜上已滑落至40多位。企业之间的智力外流突出表现在国有企业专业技术人员大量流向非国有企业，实际上，非国有企业特别是外资企业能发展得这么快，很大程度上是国有大中型企业提供了智力支持。以上是有形的智力外流。由于户口、档案等原因，在我国内部，无形的智力外流也很严重，"身在曹营心在汉"是对这种智力外流的形象描述。

有人也许会说，在一国内部，人才流动是资源的重新组合，有助于配置效率和生产效率的提高，有助于国民福利的改善。这有一定道理，因为在市场经济下，人才流动是一种常态，没有各种生产要素的自由流动，市场在资源配置中起基础性作用也就无从谈起。但我们也不能小看这种智力外流的负面影响，其中之一是打击了智力流出地区和单位进行人力资本投资的积极性。试想，如果一个单位对员工进行培训，但由于种种原因，受培训后的员工却要流向其他单位，或即使不让流走，但人心已不在，在上班时干与本单位不相关的活、磨洋工等，那么，哪个单位还有动力去对职工进行培训？而如果没有了地方政府和用人单位对人力资本投资的积极性，整个国家特别是落后地区的人力资本积累岂不是要受很大影响？如此一来，地区间的统筹发展、中国赶超先进国家等目标岂不是要落空？

看来，人力资本（智力）的生产是件不易之事，其使用和回报也颇劳力伤神。设计出一套制度，使人力资本投资与回报在同一主体上尽可能统一，是一项仍须不断努力解决的课题，而且是世界性课题。

《经济学家茶座》，2004 年第 4 期

"数字化"的陷阱

首先需要说明的是，此文所讲的"数字化"不是指技术意义上的数字化，即"将许多复杂多变的信息转变为可以度量的数字、数据，再以这些数字、数据建立起适当的数字化模型，把它们转变为一系列二进制代码，引入计算机内部，进行统一处理"，而是指经济研究过程中不断使用数字说明问题的过程。经济研究中使用数字是个趋势，而且越来越重要，唐·埃思里奇在《应用经济学研究方法论》中甚至说道"一些研究活动由于得不到或不能使用适合的数据而不可能进行"。虽然数字是个好东西，但若使用的数字"不适合"，或若适合的数字使用不当，也非常容易出现问题，这样的问题或可称之为"数字化"的陷阱。

例子一，中国农村剩余劳动力的数量。这是个很难测算的数字，别的不说，对于什么是"剩余劳动力"，就有非常大的界定弹性，在我国都讨论 20 多年了，仍难有定论。但这又是个必须确定的数字，因为明了有多少剩余劳动力，事关诸多重大的政策制定和调整，比如，农业政策、城市化政策、人口政策、就业政策、社会保障政策、教育政策等。为此，很多学者和机构做了大量的工作，表1是中国社科院王德文教授所做的一个归纳。

表1 中国农村剩余劳动力数量估计

单位：人

作者	年份	估计方法	数据来源	剩余数量
邓一鸣	1991	劳均耕地法等	全国资料	1987年1亿左右
钟甫宁	1995	简单计算法	全国资料	1990年大于2亿
卡特等	1998	劳均耕地法	全国资料	1990年1.39亿~1.72亿
章铮	1995	劳均耕地法	全国资料	1992年9000万
罗斯基等	1997	劳均耕地法等	全国资料	1993年大于1亿
刘建进	1997	生产函数法	农户资料	1994年1.1亿
王红玲	1998	生产函数法	农户资料	1994年1.2亿
杜鹰等	2000	劳均耕地法	分省资料	1998年1.52亿，2000年1.8亿
国家统计局	2002	生产函数法	全国资料	1999年1.7亿
王检贵、丁守海	2005	混合方法	农业部数据	2000年3500万~4600万
章铮	2005	劳均耕地法	全国数据	2003年7700万
蔡昉	2007	总量分解法	全国数据	2007年4000多万

资料来源：王德文：《刘易斯转折点与中国经验》，转引自蔡昉主编《中国人口与劳动问题报告No.9：刘易斯转折点如何与库兹涅茨转折点会合》，社会科学文献出版社，2008，第92页。

由于数据收集和处理既昂贵又耗时，一般人在研究经济问题过程若需要数字，通常是借用和引用已有的数据，这就生发出一个问题，用谁估算的数据？像上述关于中国农村剩余劳动力的数字，那还是部分估算，但各自的结果差别已经非常大，从4000多万到2个亿，相差1.5个多亿。1.5个亿可不是小数字。作为一个研究人员，要在这些数字中选择，难度之大可想而知，相应地，风险也很大，因为这些数字背后所隐含的政策含义差别很大。比如，若剩余劳动力为2亿，则工业化、现代化过程中劳动力就可以说是"取"之不尽、用之不竭的，属于刘易斯所讲的无限供给，低劳动力成本的比较优势将持续很长一段时间，同时转移这些剩余劳动力将是一项十分艰巨的任务。但若剩余劳动力仅为4000多万，则离刘易斯转折点就已经很近了，我们将面临劳动力短缺的局面，而且会越来越严重，为此，必须未雨绸缪，重新思考或调整正在实行的政策。比如，关于人力资本投资政策，就需要正确处理正规教育和培训的关系，要更加强调培训的重要性，因为农村中受过较高教育的年轻劳动力大多已经实现转移，那些没有转移出来的剩余劳动力大多是30岁以上的，已超过了受正规教育的年纪，培训对于他们的转移非常重要和必要。还比如，对于劳动力权益的保护，现在予以强调，实施《劳动合同法》等，既是建设和谐社会的需要，是政府关注民生的重要体现，也是顺应劳动力供求变化的重要举措，具有长远意义。

例子二，高等教育毛入学率。"高等教育毛入学率"指高等学校注册生人数与18~22岁年龄组人口数的比率，是衡量一个国家高等教育发展水平的重要指标之一。这一指标虽也有测算方面的问题，比如电大注册视听生和高等教育自学考试生应如何折算等，但总的来说，有关部门公布的高等教育毛入学率是比较准确的，比如1998年为9.8%，2007年为23%。使用这一数字的问题在于比较之中，即简单地对各国的高等教育毛入学率进行比较，而忽视了各国高等教育和劳动力市场方面的差异。比如有人主张我国要继续大幅度扩大高等教育规模，其依据是我国的高等教育毛入学率仍然不高，美国等发达国家早已超过了50%，进入普及化阶段。

这种比较太简单，若以此作为决策的依据，则会导致诸多问题，因为这种比较忽略了中美两国之间两个非常重要的差异。（1）美国的高等教育毛入学率虽然高，但其辍学率也高，据统计，美国仅有70%的高校学生最终毕业，因此，美国新任总统奥巴马的教育发展战略中就有一条，即提供更多的联邦支持，努力降低辍学率。而在我国，所有本科院校学习四年取得学士学位的学生占95%左右。这说明，仅用高等教育毛入学率来表示中美之间高等教育的差距，结果是有可能会放大的。（2）美国的劳动力市场是比较均质的，但我国的劳动力市场分割明显。高校培养的人才最终要走向劳动力市场，这意味着，并不是高等教育毛入学率越高越好，关键要看高等教育与劳动力市场之间是否匹配，包括规模、结构、质量等。美国劳动力市场的均质性决定了劳动力的流动性强，大学毕业生的就业选择空间更大。而我国的劳动力市场是异质的，城乡之间、东西部之间、城市内部正规部门与非正规部门之间等，差异很大，而且由于制度原因，劳动力的流动性比较差。劳动力市场的异质性和分割性极大地限制了大学毕业生的就业选择空间。今年有610多万名大学生毕业，大学生就业已成为首要的就业问题，国务院常务会议为此还专门进行了部署。其实，在劳动力市场的异质性没有根本改变的情况下，大学生就业难问题短期内也难以根本解决。因为，大学生来自全国城乡每一个角落，但毕业生就业则主要选择在学校所在地、城市和东部沿海地区。这种来源和去向的极端不对称性，要求我们在使用高等教育毛入学率这一指标进行对比时要慎之又慎。考虑到劳动力市场分割问题和就业的城市偏向，除计算前述一般意义上的高等教育毛入学率外，还可计算另一种意义上的高等教育毛入学率，即高等学校注册生人数与城镇18~22岁年龄组人口数的比率。后一意义上的指标，可能无法进行国际比较，但对于思考当前的大学生就业难问题，对于思考我国高等教育的规模和发展速度问题，应该是很有价值的。

上述两个例子所说明的数字的准确性问题和准确数字的使用问题，在研究甚至决策过程中会经常遇到。相对来说，数字的准确性问题可能更普遍、更严重。要避免"数字化"的陷阱，有赖学界同人的共同努力，但更需要政府有关部门做出努力。比如失业率这一重要指标,我国政府一直只统计和公布城镇登记失业率,而更能说明问题的城镇调查失业率则没有公布。由于城镇调查失业率的计算有一套严格的标准,要经过科学的抽样,要求足够的样本,虽然学者也可以进行调查和计算,但如果由政府有关部门来计算和公布,则可能效果会更好。一个好的消息是,2009年初,人力资源和社会保障部新闻发言人尹成基在一次新闻发布会上表示,人保部已经着手开展劳动力调查,将会在检验和分析的基础上争取尽早发布城镇调查失业率。

《经济学家茶座》,2009年第1期

经济衰退与经济学繁荣

经济学是研究经济现象及其背后规律的科学,因此,经济的性状会直接影响经济学的发展。表征经济性状的指标很多,既可以用数字说明,比如经济增长率、失业率、通货膨胀率、国际收支状况等,也可以用描述性语言概括,比如危机、萧条、复苏、高涨等。不过,无论用什么指标表征,如果用意指而非确指的术语,经济性状大体上可以分为两种,即衰退和繁荣。问题是,经济衰退有利于经济学发展还是经济繁荣有利于经济学发展?

这似乎是个很难回答的问题,因为在历史上,重大的经济学创新既发生在经济繁荣时期,比如李嘉图学说;也发生在经济衰退时期,比如凯恩斯经济学。不过,就现阶段的情况来说,我倾向于认为,经济衰退而非经济繁荣更有利于经济学的发展,理由如下。

1. 经济衰退为新理论的诞生提供了空间

看似无限大的理论空间其实是有限的,这种有限性很大程度上来自传统理论对新理论的挤压。道理很简单，一种理论既是某种现象的反映，也代表了某些人的利益，新理论的提出和传播无疑会使传统理论创立者及跟随者的利益（包括物质利益和精神利益）受到影响，因此，后者对于新理论往往会采取藐视甚至打压的措施，无端增加新理论产生的成本。新理论诞生和传播开来的最佳时机是既有理论赖以成立的实践基础发生了变化，因为，新的实践和问题迫切需要有新的理论给出解释并给予支撑，同时，新的实践和问题使既有理论的苍白和无力凸显在人们面前。

在 20 世纪 30 年代以前，占主流地位的经济学是新古典经济学，人们信奉市场是万能的，在那种环境下，强调政府在资源配置中发挥作用的观点就很难被大家接受。但 1929 年的经济大危机改变了一切，股市崩溃、产品积压、企业倒闭、失业激增等现象证明市场并不是万能的，于是，强调政府干预的凯恩斯宏观经济学就应运而生，几乎没有遇到什么阻力而逐渐传播，直至成为西方盛行的主流经济学和新正统。但到了 20 世纪 70 年代初，随着滞胀的出现，凯恩斯经济学也失灵了，于是，货币学派、供给学派、理性预期学派等新理论应时而生，宏观经济学又向前有了发展。我国在 20 世纪 90 年代中期以前，一种广为流行的观点认为，我国应大力发展外向型经济，很多地方都把进出口总值占 GDP 的多少比例定为一个必须实现的目标。但东南亚金融危机的爆发使人们逐渐认识到，中国是个大国，与其舍近求远还不如就地解决，于是，内需学说成了正果，实际上，也正是扩大内需的理论和政策，在中国和国际市场之间筑起了一道厚厚的"防火墙"。

2. 经济衰退使经济问题暴露得更彻底

我很同意朱绍文教授的看法，经济学家是社会的医生。医生开处方，必须明了病人的病情，同理，经济学家解释经济现象、对经济改革和发展给出应对之策，也必须知了经济问题之所在。在经济高速增长时期，很多问题易被掩盖，经济脉搏很难透出更多的信息，除极少数高手，比如克鲁格曼在还是一片叫好声中就指出东南亚经济是纸老虎。绝大多数经济学家是不太可能发现繁荣背后的虚假的。自然地，以为既有的经济理论够用，进行理论创新的压力和动力不足，难度也更大。在经济衰退时期情形则不同，各种问题暴露无遗，所需的只是经济学家"拿起刀子切去病瘤并施以药石"。而且，问题暴露得越充分，理论创新往往就越彻底。

以我国的情况为例。自20世纪90年代中期以后，经济增长速度由两位数下降为一位数，仅以数字论，我国经济的日子已不如以前好过，虽然从世界范围来看，7%~8%的增长速度仍然相当高。经济不景气，政府着急，企业也着急，花高价钱寻找对策也就在所难免。经济学家有了经费，就可以搞调查，做实证分析，可以开展学术交流，碰撞产生大智慧，相应地，经济学的发展有了较为坚实的基础，这是一方面。另一方面，经济学家可以比较容易地发现症结之所在，或修改既有的理论，或创设新的理论。比如，长时期来，我国城市化速度是非常慢的，大大滞后于经济结构的转换，但学术界对于城市化、户籍制度等的讨论似乎并没有引起足够的重视，讨论本身也似乎并不怎么彻底。但在内需不足这一大背景下，人们开始意识到，内需不足的关键是农村需求的不足，而农村需求不足的关键又在于城乡之间的制度性分割，以及劳动力流动的制度性阻抑。因此，城市化问题日益受到人们的重视，在《国民经济和社会发展第十个五年计划纲要》中还辟专章论述城镇化问题，户籍制度改革眼下也进行得如火如荼。无疑，这对于推动城市化、劳动力市场、就业等问题的研究是有巨大帮助的，真可谓是"吹尽黄沙始见金"。

3. 经济衰退增加了经济学家的供给

不能说研究经济学的人数越多，经济学的水平就一定越高，因为从数量到质量之间得有"惊人的一跃"。但我们可以说，愿意研究经济学的人越多，经过大浪淘沙，产生高水平经济学家的可能性就越大，从而经济学发展的速度就可能越快。

由于我国的改革走的是渐进之路，其内容之一是改革从与市场的距离比较近的部门先改，具体来说，教学科研等事业单位或行业的改革要慢于生产经营性单位或行业。这导致有很长一段时间生产经营单位的人均收入要高于教学科研单位的人均收入，这也就是困扰理论界多年的"脑体收入相对倒挂"现象。收入是人们择业的主要变量,"脑体收入相对倒挂"对财经学院毕业生的就业选择产生了不可低估的影响。我是20世纪90年代初研究生毕业的,当时一个广为流传的说法是,一流的学生出国,二流的学生去外企,三流的学生去政府部门,四流的学生才留校当老师或去科研部门搞研究。在这样一种机制下,经济学家的供给是不足的,优秀经济学家的供给则更少。不仅如此,已经在业内从事研究工作的优秀学者还纷纷下海,使经济学研究队伍的状况进一步恶化。经济衰退有力地扭转了这一局面,一方面,市场不景气,就业景况变坏,很多生产经营单位的收入福利不升反降,置身其中的人还时时有被请出局的风险;另一方面,科研事业单位的运转在很大程度上仍由政府出资,再加上科教兴国战略的实施,教学科研人员的收入连年上升。最近几年,有些大学搞了各种形式的津贴制度改革,收入更是猛涨。据说,科研院所的教学科研人员已成了有些地方税务局重点关注的对象。李海舰博士在《经济学家:学问、成名、致富》一文中所描绘的图景虽不能说普遍,但也确实是部分经济学家生存状态的真实写照。今天,已没人说"脑体倒挂"了,也很少有人说只有四流的学生才留校当老师或去科研部门搞研究了,相反,经济学博士(更别提经济学硕士和学士了)能到大学谋得一席位算是相当不错的了。我所在的单位现在每年都能收到近百份的博士求职函,这在5年前是不可想象的。经济学研究队伍的壮大和优化,使经济学家之间的分工成为可能和必然，经济学家之间的竞争日趋激烈，经济学研究上水平、上档次也就指日可待。

4. 经济衰退使经济学家更安心于学

做人事工作的同志常说，要留住人，更要留住一个人的心，又有一句话叫作"身在曹营心在汉"，这说明很多人并没有全身心地投入本职工作。在经济高涨且"脑体收入相对倒挂"的时期，外面的世界对经济学研究人员来说很是精彩，他们难免心理不平衡。弥补的常见办法之一是到外面去兼职，比如讲课、搞策划、做咨询等，挣些外快以补本职收入之不足；弥补的常见办法之二是出工不出力，劲不使足。但这两种办法都与学术精神相悖，于学术发展不利，因为学术研究讲究的是原创性。什么是学术研究的原创性？套用一广告词来说是"不管是一大步，还是一小步，总得推进所在研究领域一步"。而学术创新需要积累，需要潜心。最近几年，由于经济相对衰退，经济学研究人员的待遇相对提高，因此，他们的心气更足，心境也更静。在一次学术研讨会上，我碰到南方来的一位同行，开玩笑地说他出来开会的机会成本会很高，因为在我的印象中，南方学者出去兼职的机会多。出乎我的意料，这位同行说也没什么机会成本，因为他所在的学校一个教授的收入已经不少，出去干的动力不大。如果多数学者都有这种心态，则学术进步的速度自然会快得多，质量也会好得多。

可见，若仅从有利于经济学发展的角度来看，经济学家似乎是更愿意经济问题丛生的,但经济学研究的根本目的是使资源得到优化配置,从而使整个社会的福利得到提升,因此,若经济能持续繁荣,经济学发展缓慢又打什么紧?毕竟,经济研究是手段,经济发展是目的。至此,我突然想到了熊彼特提出的"创造性毁灭"一词,经济学家这一群体似乎正在历经着这一过程,不过,这是一种快乐的"创造性毁灭"。

《经济学家茶座》,2002 年第 2 期

什么是一流的学术刊物？

文章写就后总得找个刊物发表，因为按照唐·埃思里奇的说法，发表由于以下原因而非常重要。(1)它是在科学研究团体内交流研究成果的基本手段，而科学家不进行交流，发展新知识的进程将会非常缓慢，甚至"戛然终止"；(2)它是评价及研究其学科价值的基本机制的一部分；(3)它是业内人士向其他人扩散研究知识和研究结果的手段，也是建立研究声誉和确立职业生涯的基本手段；(4)它是证明研究者的成就和观点的主要手段。在中国，它还是学者们获取额外收入以弥补工资之不足的重要途径。

发表文章的学问大得很，非我等资历和学问者说得清的。但我知道，量如"汗牛充栋"的刊物是可分为三六九等的，在一流的刊物发表一篇文章所带来的影响有可能远超过在三流的刊物发表十篇文章所带来的影响。我这一量化似乎有点武断，但我所在的学校是这样做的。我们学校有个文科核心期刊目录（据说，这个目录是由教育部统一制定的），入目录者达496种之众。其中又可分为A、B、C三类，按学校规定，凡在编人员，每在A类期刊发表一篇文章可得5000元津贴，在B类期刊每发表一篇文章可得2500元津贴，在C类期刊每发表一篇文章可得1000元津贴。属于A类的国内期刊有两种，即《中国社会科学》和《新华文摘》，属于B类的期刊有22种，其中属于经济学类的只有《经济研究》一种，另有《管理世界》和《统计研究》也是由经济学者称雄的B类刊物。

对文科核心期刊目录的评价超出了本文的范围，但它提出了一个问题：什么是一流的学术刊物？

这个问题使我想起了《政治经济学杂志》（JPE）。说这个由芝加哥大学主办的刊物为一流学术刊物，无论是圈内人士还是圈外人士都不会有大的不同意见。记得杨小凯教授讲过一个故事，说黄有光教授在新加坡读大学时一开始成绩并不怎么理想，但当他把自己在JPE上所发表的文章复印给任课教师后，从此老师们都给了他优等的成绩，可见，JPE在该大学经济系教师心目中的地位。无独有偶，瑞典经济学界也有个公认的核心期刊表，JPE的得分系数在其所列的100多种期刊中位列第二，仅次于《经济学文献杂志》（JEL）。后来，我在一篇给欧洲各大学经济系排名的论文中看到，他们以在高水平学术刊物上所发表的文章作为排序的主要依据，JPE是他们依据的十大刊物之一。可见，《政治经济学杂志》是世界公认的一流学术刊物。

最近，由于研究的需要，我查阅了1962年的一期《政治经济学杂志》，发现它的确货真价实而非浪得虚名。我看的那一期是它的增刊，是有关人力投资的一个会议文集。在我国增刊多为特殊需要而设，其学术水平往往要比正刊低，但《政治经济学杂志》那一期增刊的作者可谓个个是名家，所登载的文章可谓篇篇是经典。在此，我们不妨把他们的名字和文章抄录于此。

舒尔茨（Schultz, T.）:《对投资于人的几点看法》；

贝克尔（Becker, G.）:《投资于人：一个理论分析》；

明瑟（Mincer, J.）:《在职培训：成本、收益及其政策含义》；

斯亚斯塔德（Sjaastad, L.）:《人类迁移的成本与收益》；

斯蒂格勒（Stigler, G.）:《劳动力市场上的信息》；

韦斯布罗德（Weisbrod, B.）:《教育与人力资本投资》；

丹尼森（Denison, E.）:《教育、经济增长与信息差异》；

慕斯勤（Muskin, S.）:《作为一种投资的健康》。

人力资本理论在20世纪60年代初刚刚兴起，而且还有不少非议，一个刊物能如此有远见地给它出专集，并能笼络如此多的高手（包括舒尔茨、贝克尔和斯蒂格勒三个诺贝尔经济学奖得主）奉献大作，确实让人敬佩。人们常说，一个人偶尔做一次好事不难，难的是长时期做好事。同理，一个刊物偶尔有一期办得好不难，难的是长期维持在高水平上。而难能可贵的是，《政治经济学杂志》却做到了这一点，因为它至今仍是经济学界最有影响的刊物之一，仍是经济学博士们和经济学教授们有文章后首先想到的投稿对象之一。

我国的社科期刊数以千计，经济学期刊也不在少数，但能真正称得上是一流的究竟有几多？现在有不少学术刊物都以一流为目标，对此，我是深表敬意的，因为我虽没办过刊物，但"没吃过猪肉却也见过猪跑"，知道办好一份学术刊物是一件殊为不易之事，何况一流。从《政治经济学杂志》中，我们可以发现一些一流刊物的特征，比如有一流水平的作者，有一流水平的文章，有较高的转摘和引用率，实行匿名审稿制度，且能一以贯之，等等。但窃以为，这些都还只是冰山一角，因为对一流学术刊物的产生和维持起根本作用的是一流的学术研究。没有一流的学术研究，就不可能有一流的学术刊物。看来，回答什么是一流的学术刊物得首先回答什么是一流的学术研究，但这应该是另外一篇文章的主要内容。

《经济学家茶座》，2001年第3期

如何让世界知道"哲学社会科学中的中国"?

习近平总书记在哲学社会科学工作座谈会上指出:"我们不仅要让世界知道'舌尖上的中国',还要让世界知道'学术中的中国''理论中的中国''哲学社会科学中的中国'。"这既表明了我们坚定中国特色社会主义的理论自信,更对哲学社会科学的发展指明了方向,提出了更高的要求。我国已是世界第二大经济体,在国际事务中具有重大影响力,如何与此相匹配,在较短的时间内,使我国成为哲学社会科学大国和强国,是摆在哲学社会科学工作者面前的一项重要课题。

一 扎根中国大地,打造更多创新性哲学社会科学成果

伟大的实践是伟大理论成果得以产生的土壤,伟大的时代需要而且一定会产生伟大的理论。改革开放以来,我国经历了波澜壮阔的变革,经济持续增长,人均收入不断提高,

贫困人口不断减少，人均受教育水平大幅提高，医疗健康状况大为改善，社会结构深度调整，等等。这一系列变革的叠加，是长篇的"中国故事"和"中国奇迹"。这个故事和奇迹的背后，当然有现在西方占主流地位的理论的贡献，比如市场经济理论、经济增长理论等，但仅有西方的理论是不能完全解释"中国故事"和"中国奇迹"的，更无法解决续写"中国故事"和"中国奇迹"过程中所面临的各种问题。这是理论创新的重要契机。我们要以马克思主义为指导，扎根中国大地，讲好中国故事，为世界贡献更多创新性哲学社会科学成果。

这种创新性主要表现为三个方面。一是知识创新。知识是人类在实践中认识客观世界（包括人类自身）的成果，包括事实、信息和技能等。我国所发生的种种变革，创造了诸多知识，对这些知识加以总结提升，将是一笔宝贵的财富，对其他国家和地区具有巨大吸引力。比如，在 MBA 教育中所用的案例，以前多为西方发达国家企业的案例，但最近几十年经济快速增长过程中所涌现出来的中国企业案例，正在欧美商学院中广为使用，比如华为、海尔、阿里巴巴等。这些企业之所以能异军突起，成为世界级的企业，一定具有西方企业案例所不能包含的新理念、新知识、新管理。二是理论创新。在坚持走中国特色社会主义道路过程中，我们已经提出了很多具有原创性、时代性的概念和理论，比如国家治理体系和治理能力现代化、发展社会主义市场经济、推进

"一带一路"建设等。关于社会主义市场经济，西方主流经济学理论认为，社会主义与市场经济是不能兼容的，但在我国，社会主义与市场经济不仅能兼容，而且爆发出了比资本主义市场经济更大的活力和优越性，基于中国实践的社会主义市场经济理论也越来越受到西方主流经济学家的重视。三是方法创新。我国历史悠久，人口众多，幅员辽阔，长期实行计划经济，情况十分复杂。在这样一种基础上，成功地向市场经济和开放社会转型，成功地处理好了改革、发展和稳定的关系，其方法论值得总结。

总之，中国具有丰厚的理论创新的土壤，只要哲学社会科学工作者沉得住，甘坐冷板凳，做大学问，做真学问，一定能为世界贡献更多创新性哲学社会科学成果，从而增强"哲学社会科学中的中国"的魅力和影响力。

二　改革评价机制，完善哲学社会科学评价体系

习近平总书记指出，我国哲学社会科学学术原创能力还不强，"还处于有数量缺质量、有专家缺大师的状况，作用没有充分发挥出来"。其中原因当然很多，一个重要方面是评价机制、评价体系不科学，导向出了问题。这突出表现重数量、轻质量；重发表、轻应用；重国际认可、轻解决国内民生问题。要产生有国际影响的成果和学者，让世界知道哲学社会科学中的中国，评价机制和评价体系必须有个转

变。一是要更加重视质量。我国现在是论文发表大国，根据科学引文索引（SCI）和社会科学引文索引（SSCI）数据库的信息，我国已经成为在国际学术期刊发表论文数量第二多的国家。但我国还不是论文强国，论文的质量和影响力还有待提升，在国际话语体系中发声能力有待提高。从数量扩张到质量提升有个过程，但如何在评价上引导学者潜心研究，拿出对得起这个时代的、经得起历史检验的成果，需要我们做出重大调整。二是要更加重视哲学社会科学的咨政育人功能。马克思说："哲学家们只是用不同的方式解释世界，而问题在于改变世界。"解释世界不易，改变世界更难。我国在实现"两个一百年"奋斗目标、实现中华民族伟大复兴中国梦的过程中，有很多问题需要解释，但更重要的是有很多问题需要解决。解决问题的过程，是中国向前发展的过程，是综合国力和国际影响力不断提升的过程，世界上自然有更多的人愿意了解中国。同时，解决问题的过程，一定是理论创新的过程，人才辈出的过程。因此，评价哲学社会科学和评价哲学社会科学家，需要对他们解决现实问题和培养人才中的贡献给予更多关注。党中央提出加强中国特色新型智库建设，为深化改革提供决策支持，强调哲学社会科学既要顶天，又要立地，是非常有远见的。三是要更加重视哲学社会科学成果的译介。虽然用英语或其他外语完成的成果越来越多，但由于种种原因，我国哲学社会科学成果绝大多数仍是用中文写作完成的，这毫无疑问增加了世界知道"哲学社会科学中的中国"的难度。现在全国哲学社会科学规划办公室有"中华学术外译项目",专门资助相关优秀成果以外文形式在国外权威出版机构出版并进入国外主流发行传播渠道,这在让世界了解中国学术中发挥了重要作用。但如何鼓励更多优秀学者来从事哲学社会科学的外译工作,仍需要做更多的工作。比如,在有些单位,翻译工作是不算工作量的,这个必须改变。还比如,在教育部和各省(区、市)的哲学社会科学成果评奖中,外译工作可否单独设奖?只有外译工作得到认可和表彰,才能吸引优秀学者从事翻译工作,一些高质量、原创性的哲学社会科学成果才能进入外国的主流市场,外国才能更好地了解中国的哲学科学及其所反映的中国现实。

三 创新传播方式,提高哲学社会科学国际认知度

与自然科学不同,哲学社会科学有更强的语境要求,沟通了解起来相对困难。在学术话语体系仍由西方控制的情况下,我国的哲学社会科学要走出去,甚至有更大发言权和话语权,除有更多高质量、原创性成果外,必须创新传播方式,以更好地提高国际认知度。一是正如习近平总书记所说"要善于提炼标识性概念,打造易于为国际社会所理解和接受的新概念、新范畴、新表述,引导国际学术界展开研究和讨论"。实际上,很多西方理论进入我国并被广泛传播,在

很大程度上也是得益于其标识性概念，比如"经济人""软实力""交易成本""人力资本"等。近些年来，我国也提出了一些标识性概念并引起国际学术界热议，比如"一带一路""经济新常态""中国梦"等，但总的来说，这样的新概念、新范畴、新表述还太少，希望政治、经济、法律、文化、社会、外交、军事等各个领域，都有创始于我国的标识性概念，并发挥着引领作用。二是要发挥教材的作用。教材对一个人的世界观、人生观、价值观的影响是长远的，好的教材能影响一代人甚至几代人。我国20世纪八九十年代上大学的人基本上都知道蒋学模，因为他主编的《政治经济学》当时风行大江南北；现在的大学生大都知道保罗·萨缪尔森，因为他主编的《经济学》风靡全球。基于中国的伟大实践，我国学者理应编写出一批能走向世界的教材。比如发展经济学，现在流行的教材大多以东南亚、非洲、拉丁美洲的国家为样本，很少讲述中国的经验和案例，但中国是最成功的发展中国家，很多人想知道中国是如何做的，是如何实现二元经济转换的，是如何促进人力资源开发与经济增长的，是如何做到市场在资源配置中起决定性作用与更好地发挥政府作用相结合的，等等。因此，基于中国实践而编写的发展经济学教材，应该会受到世界各地教师和学生的欢迎。教育部"马工程"已支持了96种教材，涵盖了各主要学科和领域，如何在国内高校推广使用的同时向国外推广，是一件需要统筹思考和安排的事情。三是要发挥孔子学院、孔子课堂的作用。我国已在全球134个国家（地区）建立了500所孔子学院和1000个孔子课堂，它们在开展汉语教学和教育文化交流方面发挥了重要作用。孔子学院和孔子课堂所形成的网点，是宝贵的资源，将来可承担起哲学社会科学海外传播的功能。比如，每所孔子学院与其国内承办大学，或国内承办大学联合其承办的孔子学院，每年在国外至少举办一次学术会议，这类学术会议可以是聚焦某一学科或某一领域，也可以是综合性的，邀请国内外专家学者同台交流。在此基础上，择优设立海外中国学术研究中心。长此以往，影响必隆。

《中国高校社会科学》，2016年第4期

图书在版编目（CIP）数据

美好生活经济学：摆脱焦虑，实现价值跃升与社会公平 / 赖德胜著. -- 北京：社会科学文献出版社，2021.2（2022.4重印）
ISBN 978-7-5201-7919-5

Ⅰ.①美… Ⅱ.①赖… Ⅲ.①经济学－文集 Ⅳ.①F0-53

中国版本图书馆CIP数据核字（2021）第020996号

美好生活经济学：摆脱焦虑，实现价值跃升与社会公平

著　者 /	赖德胜
出 版 人 /	王利民
组稿编辑 /	恽　薇
责任编辑 /	孔庆梅
责任印制 /	王京美

出　　版 / 社会科学文献出版社·经济与管理分社（010）59367226
地址：北京市北三环中路甲29号院华龙大厦　邮编：100029
网址：www.ssap.com.cn

发　　行 / 社会科学文献出版社（010）59367028
印　　装 / 三河市东方印刷有限公司

规　　格 / 开　本：889mm×1194mm 1/32
印　张：10.75　字　数：210千字

版　　次 / 2021年2月第1版　2022年4月第2次印刷
书　　号 / ISBN 978-7-5201-7919-5
定　　价 / 69.80元

读者服务电话：4008918866

版权所有 翻印必究